DANIEL AMORINHA
CAIR, APRENDER E EVOLUIR

SUPERANDO OS OBSTÁCULOS DA VIDA

:ns

SÃO PAULO, 2025

Cair, aprender e evoluir : superando os obstáculos da vida
Copyright © 2025 by Daniel Amorinha
Copyright © 2025 by Novo Século Editora Ltda.

EDITOR: Luiz Vasconcelos
GERENTE EDITORIAL: Marcelo Siqueira
COORDENAÇÃO EDITORIAL E REVISÃO: Driciele Souza
ORGANIZAÇÃO DE CONTEÚDO: Marília Chaves
DIAGRAMAÇÃO: Proton Editorial Ltda
CAPA: Plinio Ricca
FOTOS: Cesar Augusto, Julio Detefon, Pablo Vaz, Renato Custodio e Thiago da Luz

Texto de acordo com as normas do Novo Acordo Ortográfico da Língua Portuguesa (1990), em vigor desde 1º de janeiro de 2009.

Dados Internacionais de Catalogação na Publicação (CIP)
Angélica Ilacqua CRB-8/7057

Amorinha, Daniel
 Cair, aprender e evoluir : superando os obstáculos da vida / Daniel Amorinha. — Barueri, SP : Novo Século Editora, 2025.
 144 p. : il., color.

 ISBN 978-655561-968-3

 1. Amorinha, Daniel – Biografia 2. Pessoas com deficiência I. Título II. Pinheiro, Nathalia

25-1931 CDD 920.71

Índices para catálogo sistemático:
1. Amorinha, Daniel – Biografia

GRUPO NOVO SÉCULO
Alameda Araguaia, 2190 – Bloco A – 11º andar – Conjunto 1111
CEP 06455-000 – Alphaville Industrial, Barueri – SP – Brasil
Tel.: (11) 3699-7107 | E-mail: atendimento@gruponovoseculo.com.br
www.gruponovoseculo.com.br

Agradecimentos

Nada nesse mundo se faz sozinho. Este livro e a minha história são resultado da soma de todas as pessoas que já cruzaram o meu caminho. E, por isso, deixo não só os meus sinceros agradecimentos, como também uma lista de abraços.

Em primeiro lugar agradeço a

Deus,
minha família e
todos paraskatistas.

E também a essas pessoas: Acauã Amaral "Zaka", Ana Paula Marques, André Souza, Annamaria Monte, Antônio Morales, Bruna Sinhorini, Camila Campos, Craque Neto, Daiane Batista, Daniela Alvarenga, Daniela Moreno, Edson Martins, Equipe Nescau, Equipe Publination, Equipe Ultracon, Fábio Santos, Felipe Nunes, Fernando Souza, Gabriela Maia, Heitor Pimentinha, Italo Romano, Ivonete Gama de Amorim Campos, Karina Cayres, Karina Rosa, Luiz Carlos, Luiz de Souza, Luísa Janólio, Marcelo Formiga, Marcio Zambon, Marilia Chaves, Mariah Theodoro, Marlene Oliveira dos Santos, Nicole Andriopoulos, Og de Souza, Otávio Neto, Paula Dal Monte, Paulo Morales, Rodrigo Suzuki, Ronivaldo Oliveira dos Santos, Sandro

Dias, Saulo Cesar, Thais Carolini, Thais Leonel, Thais Ricci, Tiago Lemos, Waldemar Deccache.

    E a mais tantas pessoas que eu não conheço pessoalmente, mas estão sempre ao meu lado, dando força nas redes sociais e campeonatos. Obrigado por tudo!

Sumário

Agradecimentos 3

1. Quem me colocou aqui? 7

2. Selamento 19

3. Do dia para a noite a vida muda................................... 31

4. De volta para casa 41

5. Os anos de espera 55

6. Tudo o que você quiser fazer, você pode 69

7. Fé é uma promessa 77

8. Campeão 99

9. A vida hoje... 119

10. O passado ajuda no futuro 137

1
Quem me colocou aqui?

Você parou para se perguntar isso? Já olhou em volta e ficou questionando porquê você estava ali? Naquela família, naquela escola, naquela cidade, naquele país, naquele ano? Por que você passa pelas coisas que passa, e não as outras pessoas? E por que outras pessoas passam por coisas que você nem imagina? Por que existe tanta gente boa que sofre? E, ao mesmo tempo, existem tantas pessoas ruins que andam livres por aí? Afinal, quem controla essa loteria de destinos, na qual ninguém fez nada para receber os números com os quais nasceu? Eu imagino que, se você chegou até este livro, é porque se pergunta essas coisas o tempo todo, assim como eu já me perguntei. E, talvez, seja essa indagação que nos uniu aqui nestas páginas.

Mas eu estou me apressando. Vamos ter uma conversa longa sobre os caminhos da vida, e tenho muita coisa para contar, mas primeiro você precisa me conhecer um pouco melhor. Quando você olha pra mim, o que você imagina? "Nossa, ele não tem os braços e as pernas e anda de skate". Mas por trás da aparência, existem outras dificuldades pelas quais passei. Questões familiares, pobreza, instabilidade. Não tem apenas isso, tem muita coisa a ser falada e vamos entrar nisso aqui.

Muito caminho até chegar no cara que eu sou hoje, o cara sem os braços e as pernas, que anda de skate, que compete, que faz vídeos para as redes sociais. Eu também sou o irmão, o filho, o tio.

E eu sou o menino da zona leste de São Paulo, o aluno da escola pública, a criança que corria na rua. Eu sou tantas coisas, que algumas delas eu mesmo ainda não conheço. E se você perguntar para qualquer pessoa que me conhece, provavelmente ela vai me descrever como um cara que está sempre feliz.

Não é que eu esteja feliz 100% do tempo, é que, falando de um jeito bem simples, desde que eu era muito novo eu gosto muito de

Foto por Cesar Augusto Silva

viver. Agora como adulto eu gosto demais de acordar cedo para treinar, de voltar para casa e encontrar minha sobrinha, de ver meus amigos, de competir, de fazer as coisas que todo mundo acha muito comuns do dia a dia. Não tem tempo ruim na vida que eu vivo agora, por isso quem me vê rindo e brincando por aí não imagina o tipo de coisa que já passou pela minha cabeça.

Por que eu?

Lembro de um tempo, durante a minha adolescência, em que me sentia completamente perdido. Eu tinha uns 15 anos e estava cheio de dúvidas e medos, tentando encontrar um rumo em meio à bagunça dos meus sentimentos. Agora, olhando para trás, entendo que cada passo, mesmo o mais difícil, foi essencial para me trazer até aqui. Nessa fase, durante muitos meses, a dúvida e a ansiedade me acompanharam.

Eu me via preso em um ciclo de medo e solidão, sem saber qual caminho seguir. Em meio a tantas pessoas no mundo, eu amargava a pergunta "por que comigo?". Afinal, havia 7 bilhões de pessoas no mundo, porque logo eu tinha passado por tantas dificuldades, ainda mais na infância? Que criança merece o tipo de dificuldade que acabou levando à amputação dos meus braços e minhas pernas com apenas 7 anos? Ao longo dos dias, a pergunta voltava à minha cabeça: por que logo eu, entre tantas crianças de famílias diferentes no mundo, tinha que perder os braços e as pernas? Quem estava no controle daquele jogo tão injusto?

A adolescência é um período complicado para qualquer pessoa, é aquele momento em que buscamos nosso lugar na vida, mas ao mesmo tempo a mente ainda não tem maturidade para entender este mundo. Foi nessa época que comecei a prestar atenção em quantas coisas eu não poderia ser: bombeiro, policial, médico, motorista... e assim vai. Eu não conseguia parar de pensar nisso, no que eu não tinha, enquanto me sentia extremamente sozinho e confuso. Eu me criticava demais, ficava revoltado e sentia que aquela vida não era pra mim, vivendo uma conversa interior que só chegava à conclusão de que nada tinha jeito.

Uma questão da minha deficiência é que, mesmo sendo apenas física, atrasou a minha educação, por exemplo. Matriculado em uma escola pública sem preparo para lidar com alunos diferentes da média, os professores não sabiam o que fazer comigo, por isso eu só fui aprender a ler muito tarde. A gente chama pessoas com deficiência (PCDs) de minoria, mas é uma minoria expressiva, o Brasil atualmente tem mais de 18 milhões de deficientes.[1] E nosso país está muito longe de ter estrutura para incluir toda essa gente, ainda mais nas escolas.

Só para você ter uma noção, o meu caso – ter chegado à pré-adolescência praticamente analfabeto – não é tão raro assim. As estatísticas mostram que duas em cada dez PCDs com 15 anos ou mais são analfabetas, um número cinco vezes maior do que as pessoas sem deficiência (19,5% contra 4,1%).[2] O problema? Falta de condições para estudar, já que mais da metade das escolas de São Paulo (o estado com o maior número de escolas) não têm nenhum recurso de acessibilidade.

Desde 1989 – muito antes de eu nascer – existe uma lei para garantir às pessoas com deficiência o direito à educação, mas como estudar em lugares que você não consegue nem entrar? E quando entra, o professor acredita que você não tem a mesma capacidade

---

1 https://appsindicato.org.br/com-mais-de-18-milhoes-de-pessoas-com-deficiencia-brasil-ainda-carece-de-conscientizacao-e-inclusao/#:~:text=O%20Brasil%20conta%20com%20mais,Geografia%20e%20Estat%C3%ADstica%20(IBGE).
2 https://www.gov.br/mdh/pt-br/assuntos/noticias/2024/junho/dados-do-observadh-sobre-pessoas-com-deficiencia-evidenciam-desigualdades-em-relacao-a--educacao-e-trabalho#:~:text=Trabalho%20e%20rendimento&text=Pessoas%20com%20defici%C3%AAncia%20recebem%2C%20em,do%20que%20mulheres%20sem%20defici%C3%AAncia.

dos outros, porque não foi preparado para isso? Para além das crises de todo adolescente, a verdade é que eu estava com problemas muito reais para lidar no dia a dia, problemas que reforçavam a solidão e a angústia típicas da idade.

Eu precisava aprender um outro jeito de viver, e quem estava à minha volta também teria que aprender muita coisa para lidar comigo. Meus irmãos sempre lutaram para que ficássemos juntos, e tentavam fazer o melhor por mim dentro das nossas possibilidades. Durante a infância eu passei por isso de cabeça erguida, meus irmãos me levavam para todo lugar, me incluíam nas brincadeiras, mas conforme as coisas aconteciam, acabei indo morar em um abrigo e, depois, já adolescente, fui morar com a minha tia. Foi nesse período que eu me pegava com a pergunta, "Por que logo comigo?", enquanto o medo e a insegurança dominavam os meus pensamentos. Eu vivia achando que todo mundo estava me julgando, uma percepção que me fazia me fechar e ficar na minha. Nem mesmo meus irmãos ou amigos conseguiam me ajudar a colocar para fora o que eu sentia. Eu estava sozinho.

Essa tia é uma pessoa que eu admiro demais, mas que era super-rígida – e ainda vou dar mais detalhes sobre esse período. Eu sonhava que, se pelo menos eu tivesse as pernas e os braços, poderia simplesmente sair por uma porta e começar uma vida diferente, poderia ser independente. Essa vontade de mudar tudo, de fugir de casa, era bem típica da adolescência – hoje eu sei que sair por aí não resolveria a solidão e a angústia. Porque quem não resolve os problemas dentro de si acaba só levando eles para outro lugar.

Naquela época, até o meu skate – que hoje é a minha profissão e tem um valor enorme pra mim – parecia apenas um objeto qualquer. No meio de tanta dúvida na cabeça, foi o coração que me salvou. Justamente nesse momento difícil, a fé, que sempre fez parte da minha vida, mas andava apagada, me resgatou. Também vamos falar muito disso – a importância da fé, que sempre me reconectou com a minha essência. Eu, que sempre frequentei a igreja, tinha me desprendido dessa base tão presente na minha vida, e, no momento mais sombrio, fui tirado do vitimismo quando senti de novo que Deus tinha um plano para mim. Aos poucos, percebi que mesmo quando tudo parece escuro, sempre há uma luz (mesmo se ela estiver lá longe) que vai me ajudar a seguir em frente. Essa luz é a certeza da existência de Deus, e que na verdade não estamos numa loteria injusta, mas num plano maior que sabe quem pode superar cada dificuldade. Um plano perfeito que lapida os diamantes que trazemos dentro de nós ao nascer.

Muito prazer, Amorinha

Nasci na Zona Leste, sou filho de Ivonete e Ronivaldo e vivi uma infância cheia de desafios. Lembro das dificuldades que enfrentei quando era pequeno: meus pais eram pobres e trabalhavam duro, sempre tiveram uma vida complicada e cheia de lutas, ainda mais com cinco filhos. Meus pais se envolveram com álcool e drogas, algo que eu mal entendia na época, e passamos por momentos tão difíceis que precisávamos pedir comida em restaurantes, mercados e quermesses para conseguir comer. O que salvava muitas vezes era a escola, que garantia pelo menos uma refeição todos os dias – e, às vezes, ia a família toda para comer, mas não dava sempre. Tudo isso aconteceu antes mesmo de eu perder as pernas, eu era só um menino com o braço esquerdo um pouco torto, que vivia correndo por aí. Quando eu tinha 7 anos a meningite se manifestou de forma assustadora. Eu desmaiei e fui levado para o hospital. No começo, pensaram que era só uma gripe e me levaram para casa. Mas, depois de voltar e desmaiar de novo, finalmente descobriram que eu realmente tinha meningite. Eu nem imaginava que, a partir daquele dia, a minha vida nunca mais seria a mesma.

Eu perdi meus pés e as mãos quando tinha 7 anos. Por causa dessa meningite, meus braços e pernas começaram a necrosar, e do dia para a noite, tudo mudou. Mas esse não é nem o começo da minha história. Minha infância foi cheia de acontecimentos e surpresas, mas, ao mesmo tempo, muito solitária, algo que só se agravou na minha adolescência.

Foi a partir do skate que comecei a conhecer meus verdadeiros amigos, que a vida começou a tomar outra forma – a forma que Deus tinha planejado para mim. Depois de um tempo, fui morar com meus irmãos e, aos poucos, deixei de me prender às dúvidas e às angústias de antes. A fé teve um papel enorme nessa mudança: comecei a me conectar de verdade com Deus e, com isso, a sensação de solidão foi diminuindo. Eu não estava sozinho. Eu não estava jogado no mundo. Mas calma, não foi simples e rápido como parece relatando aqui. Minha história tem detalhes que, se alguém me contasse, eu não acreditaria. Lembro que, nessa época, eu não sabia o que fazer e sempre perguntava a Deus, mas as respostas não eram do jeito que eu imaginava.

Ao longo da infância e da juventude passei por muitos momentos longe dos meus irmãos, mas conforme fui ficando mais velho, nossa conexão se fortaleceu e hoje estamos juntos. A fé e a minha família me fizeram perceber que não estava sozinho; muitas pessoas também enfrentavam seus próprios sofrimentos e dificuldades. Aos poucos, fui entendendo que tudo o que passei foi essencial para me tornar quem sou hoje.

Sempre ouvi do meu amigo Zaka que minha história vai muito além da minha condição física. Segundo ele, o maior potencial que tenho é justamente mostrar que a vida pode surpreender, mesmo quando tudo parece difícil. Certa vez, eu estava na loja de skate que me patrocina e apareceu um homem, que lutava contra a obesidade e a depressão, chorou emocionado ao me ver andando de skate. Ele disse que, ao acompanhar meu jeito de viver, encontrou forças para transformar a própria vida, saindo da depressão e superando seus problemas.

Lembro de uma ocasião, no parque, quando o Zaka estava dando uma aula de skate e eu desci para a pista para treinar. Foi aí que um senhor se aproximou. No começo, ele parecia um pouco invasivo, mas logo começou a falar comigo e percebi que estava tudo bem. Esse homem, que devia ter uns 60 anos, queria me dizer que naquele dia tinha saído de casa com a intenção de desistir de viver por causa da depressão, mas se encantou ao me ver por ali. Ele disse: "Vi esse cara e, de repente, senti que precisava continuar vivendo. As dificuldades passam." Foi incrível perceber que minha presença ali ajudou alguém a mudar de ideia sobre tirar a própria vida – e eu nem tinha falado nada para ele, mas entendi que a minha alegria de viver havia falado com ele de alguma forma que eu não controlava.

Ao longo do tempo, passei por muitas histórias assim, e recebi relatos cada vez mais emocionantes. Ouvir essas histórias me fez entender que, mesmo com todas as minhas lutas, posso ajudar as pessoas, que aquilo também era parte do plano. Hoje vejo que minha vida não é só sobre mim, mas também sobre inspirar e apoiar outros que passam por momentos difíceis.

A partir da fé e de tudo que aconteceu, aprendi coisas que me reconstruíram e que reconstroem quem está à minha volta todos os dias. E uma delas tem a ver com os meus questionamentos de adolescente: conforme fui amadurecendo entendi que muitas vezes, quem parece ter certas facilidades (por exemplo, ter as pernas) não necessariamente tem uma vida mais fácil. Cada um carrega suas próprias batalhas e, mesmo sem ter o que muitos consideram essencial, posso ser feliz do meu jeito e ajudar outras pessoas a encontrarem forças para seguir em frente. Hoje, entendo que não estou aqui apenas para viver, mas para ajudar os outros a sobreviverem também.

Aos 22 anos minha história está longe do fim, por isso veio a ideia deste livro: poder, mesmo que muito pouco, ensinar algo para

Estou aqui para provar, nem que seja para uma única pessoa que, apesar dos desafios, há sempre um motivo para seguir em frente.

Passando de *backside grind* no quarter do Jockey

quem está perdido ou angustiado como eu já estive. Poder conversar sinceramente sobre como a mente é poderosa, como ela molda o nosso presente e o nosso futuro. Quando a gente consegue enxergar para além do presente nossos sonhos florescem.

Essa é a minha jornada, e quero caminhar por ela com você para que em algum momento você também se encontre dentro do plano maior a partir das minhas palavras.

2

Selamento

Uma coisa que a fé me ensinou é que ninguém nasce na família que nasce por acaso. Uma família é um selamento, um elo impossível de quebrar, porque foi planejado por Deus, e por isso resiste aos movimentos da vida e até aos obstáculos que nós mesmos criamos. Neste capítulo, eu quero contar um pouco mais da minha, porque passamos por tantas coisas, nos perdemos uns dos outros em alguns momentos, mas no fim, nunca deixamos de lutar para estarmos todos juntos.

Como comecei a contar no capítulo anterior, eu não tive uma infância fácil, mas tenho boas lembranças. Até os 7 anos eu ainda era um menino como qualquer outro, de um bairro da zona leste de São Paulo. Lembro de um sábado de manhã que fazia um calor absurdo, o sol parecia que ia derreter o asfalto. A nossa casa simples estava longe de ter uma piscina, mas a diversão era feita de pequenos momentos que significavam muito para a gente. Nesse dia eu estava com a minha irmã mais nova, a Suzana. Nós dois somos os mais novos e sempre fomos uma dupla dinâmica nas brincadeiras de criança. Na infância éramos como melhores amigos. Quando éramos pequenos, até brincávamos dizendo que, quando crescêssemos, se tivéssemos filhos, eu chamaria a minha de Suzana, e ela chamaria o dela de Daniel. A gente vivia grudado, compartilhando sonhos e risadas.

Eu com 14 anos e minha irmã Suzana com 11 anos

Naquele dia, provavelmente com pena dos filhos passando calor, minha mãe improvisou uma minipiscina no quintal. Não era nada sofisticado, era só fruto da criatividade e do esforço dela, que fez a piscininha com tijolos no chão mas, para nós, era como se tivéssemos ganhado o nosso próprio clube.

Naquela época, eu ainda tinha braços e pernas, e me lembro bem da sensação de estar ali, brincando com a minha irmã. Nossa mãe tinha duas filhas do primeiro casamento, com quem nós sempre tivemos contato, mas nesse dia, uma das minhas irmãs mais velhas estava lá, e ela tinha uma filha que estava brincando com a gente. Lembro que a filha da nossa irmã era mais nova que eu e a Suzana, e na nossa cabeça de criança, a gente não queria aquele "bebêzinho" atrapalhando a nossa brincadeira, justo no nosso espaço, nossa piscina. A Suzana conta que a minha irmã mais velha chegou, nos tirou de lá e colocou a filha dela no lugar. A gente ficou revoltado! Ficamos brincando depois, meio emburrados, como quem queria se vingar de alguma forma. No fim, como sempre acontecia, não fizemos nada e fomos brincar de outra coisa. E, numa casa com cinco crianças, sempre tinha alguma coisa acontecendo.

Somos cinco irmãos de pai e mãe, os filhos de Ronivaldo e Ivonete: Rony Anderson, Sandra, Antônio, eu e Suzana. Não temos muita diferença de idade – eu e Suzana temos menos de dois anos, por exemplo, o que fez que nossas vidas já caminhassem juntas desde o início. Também me lembro de como era bom sair para brincar na rua. Estava sempre com meus irmãos, correndo, jogando bola, inventando brincadeiras. Esses momentos me marcaram, porque aliviavam as dificuldades que enfrentei, mesmo muito novo. Nós também saíamos para pedir comida na rua, por exemplo, e pegar latinhas para trocar por algum dinheiro, entre risadas e aventuras.

Nas minhas primeiras memórias, lembro do meu pai saindo para o trabalho, tentando manter a casa, mas, conforme o tempo foi passando, as dificuldades aumentaram. Meu pai e minha mãe, que já abusavam do álcool, se tornaram usuários de drogas, algo que, na época, eu não entendia direito.

A vida não era simples, e não era só para a nossa família. Em Guaianases até hoje a renda média dos moradores é de um pouco mais de mil reais, e em 2004, por exemplo, quando eu tinha apenas dois anos, era menos da metade. Nesse mesmo ano, o maior motivo de morte no bairro era homicídio, e só depois vinham as razões mais clássicas, como doenças cardíacas, hipertensão e pneumonia. Em muitos momentos não tínhamos comida em casa. Passamos muito tempo assim, vivendo de improviso, tentando superar cada dia. Mas essa era a realidade que a gente conhecia, sobreviver no meio das dificuldades era parte da nossa rotina.

Minha mãe, Ivonete, é um dos personagens principais desta história, além de ela mesma ser uma grande contadora de histórias. Ela teve uma vida cheia de reviravoltas antes mesmo de eu nascer. Como comentei, ela tinha duas filhas, porque já tinha sido casada por oito anos antes de conhecer meu pai. Depois da separação, perdeu a guarda das filhas e foi morar com a minha avó, e foi lá que a vida dela se cruzou com a do meu pai, que era vizinho da família. Eles começaram a se relacionar e, depois de dois anos juntos, minha mãe ficou grávida do primeiro filho. E aí, um atrás do outro, a família foi crescendo: primeiro veio meu irmão mais velho, Anderson, depois a Sandrinha, o Antônio, eu, e, por fim, a Suzana.

Minha mãe conta que, naquela época, tanto ela quanto meu pai bebiam bastante. No começo, levavam a vida como dava, sem luxo, mas também sem passar necessidade. Os dois sempre foram trabalhadores e faziam o melhor para cuidar dos filhos. Mas com o tempo, a situação foi ficando mais difícil. Meu pai faleceu em 2023 e minha mãe descreve meu pai como uma das pessoas mais íntegras que ela já conheceu.

Mesmo depois de os dois se tornarem usuários de drogas, ela conta que ele ainda demorou para cair completamente no vício. Meu pai ainda juntava forças para sair para trabalhar e trazer comida para casa no fim do dia. Minha mãe sucumbiu antes, e, quando o vício dele tomou conta, a nossa vida familiar começou a desandar. Mesmo com todos os problemas, minha mãe descreve que apesar de ser usuário de drogas, meu pai nunca mexia em nada de ninguém. As pessoas confiavam nele, diziam que era um cara de respeito, alguém que cumpria sua palavra. Essas histórias da minha mãe sempre me fizeram pensar sobre como, apesar dos erros, meu pai tinha seu jeito de ser, correto dentro do mundo dele, e fico feliz que ele conseguiu presenciar pelo menos o começo da minha história no skate.

Intuição de mãe

Não importa a sua crença, você vai concordar comigo que as mães costumam ter um jeito sobrenatural de adivinhar as coisas — se quiser testar, sugiro tentar sair sem o guarda-chuva que ela mandou você pegar e me conta depois o que aconteceu. Minha mãe, para além das intuições de mãe, sempre teve um jeito sensitivo, quase como se conseguisse prever as coisas antes de acontecerem.

Minha mãe no começo de 2024, dá para ver a se̶m̶e̶l̶h̶a̶n̶ç̶a̶, né?

No começo, eu achava tudo isso meio loucura, mas com o tempo fui percebendo que muitas das coisas que ela dizia realmente aconteciam depois. Lembro de um dia, quando eu já tinha por volta de 19 anos e morava com meus irmãos, minha mãe, que ainda estava vivendo na rua, veio nos visitar e simplesmente falou: "Alguém aqui está grávida." Do nada. Na semana seguinte, minha irmã Sandra veio contar que, de fato, estava esperando um bebê, que viria a ser minha sobrinha querida, a Pandora. Foi ali que comecei a acreditar que minha mãe tinha algo diferente nas suas intuições. Sabe aquele ditado "não acredito em bruxas, mas que existem, existem"? Sou eu escutando as histórias da minha mãe, tento não levar muito a sério, mas já aprendi que tudo ali tem grandes chances de acontecer.

Minha própria chegada ao mundo já veio cercada dessas sensações dela. Eu fui o penúltimo filho a nascer e, antes de mim, minha mãe já tinha passado por algumas gestações complicadas. Ela sempre contava que, no fundo, sentia que algo estava diferente comigo. Quando eu estava para nascer, os médicos não conseguiram entender o que aconteceu. Eu já estava saindo, a cabeça apareceu primeiro, mas, do nada, meu corpo deu uma reviravolta dentro da barriga dela, e os pés ficaram para fora. Minha mãe segurou a cama com força, achando que eu já estava nascendo, mas, em vez disso, meu corpo girou de um jeito inexplicável.

A médica tentou puxar, mas eu estava preso. Para conseguir me tirar, ela precisou enfiar o braço dentro da minha mãe e quebrar meu bracinho. Minha mãe diz que ouviu o estalo na hora e, naquele momento, entrou em pânico. Quando finalmente saí, ela olhou para mim e viu um bebê sem braços e sem pernas.

Ela gritou: "Doutora, meu filho nasceu sem braços e sem pernas!" Mas a médica respondeu: "Não, mãe, ele tem braços e pernas."

Ela insistiu: "Eu vi ele nascer sem! Eu vi!"

Os médicos tentaram acalmá-la, dizendo que era efeito da anestesia. Mas ela não queria saber de explicações. "Eu quero ver! Quero pegar as mãozinhas dele, quero ver as perninhas." Só quando me colocaram sobre ela e ela sentiu meus braços e dedos é que tentou acreditar no que diziam. Mas, no fundo, a certeza nunca saiu da cabeça dela: naquele momento, ela tinha visto algo que ninguém conseguia explicar.

Ela contou essa história para toda a família. Anos depois, quando realmente perdi braços e pernas por causa da meningite, essa história voltou à tona, porque as outras pessoas da família lembravam do que minha mãe tinha dito. Para minha mãe, aquilo já era um aviso de que meu destino estava traçado desde o início. Minha mãe sempre teve essas premonições, e até hoje, quando ela fala alguma coisa, eu fico meio receoso – porque, é isso, muitas vezes, acaba acontecendo mesmo. Às vezes demora, mas de alguma forma, aquilo que ela sente se confirma.

Pode parecer coisa inventada, uma história para deixar o livro mais emocionante, mas não é. São coisas que minha mãe sempre contou, e outras pessoas da família confirmam (ou eu mesmo não acreditaria). No fim das contas, esse foi o meu nascimento: marcado por pressentimentos, por desafios, e por algo que, de algum jeito, já parecia estar escrito no meu destino.

Uma das tribulações da minha infância antes da meningite, além da pobreza, era a forma como meu braço esquerdo ficou depois do meu nascimento. Eu andava com ele meio torto, e isso acabou virando motivo de zoação das outras crianças da vizinhança por muito tempo. Lembro bem de um dia em que uma menina me chamou de "braço torto". Antes que eu pudesse reagir, minha irmã Sandra já tinha resolvido a situação do jeito dela: foi lá e bateu na menina.

A Sandra sempre foi assim, uma verdadeira protetora. Tenho várias lembranças da infância ao lado dela. Nem sempre a nossa relação foi fácil, como a de qualquer irmão, mas o mais importante é que, independentemente da minha condição, eu sempre a tive ao meu lado. Ela nunca deixava ninguém me diminuir. Se alguém tentava me zoar, podia ter certeza de que ela e meus irmãos estariam por perto para me defender. E, para mim, isso significava muito.

Minha mãe sempre foi uma pessoa muito religiosa, que frequentava a igreja regularmente. E ela fazia questão de levar os filhos para a igreja. No fundo, ela sabia que estava no caminho errado e não queria que a gente seguisse o mesmo rumo.

Ela fazia de tudo para nos manter na linha. E minha mãe nunca foi do tipo que só falava ou ameaçava, se a gente saísse um pouco do que ela acreditava ser o certo, vinha castigo na hora, e a gente apanhava muito. Lembro de uma vez que ela bateu na gente e disse: "Eu sei que esse não é o jeito certo de ensinar um filho, mas é o único jeito que tenho." Na cabeça dela, se não fosse assim, ela não teria controle sobre a gente. Às vezes, antes mesmo da gente aprontar, ela já avisava: "Lembra disso quando for fazer besteira, porque eu vou bater."

Só que, ao mesmo tempo que tentava nos educar, minha mãe ainda lidava com a própria dependência, e é das crianças não se dar conta do que está acontecendo no mundo dos adultos até a coisa ficar séria demais para ignorar. Mesmo vivendo suas batalhas, ela nunca deixou de nos ensinar o respeito. A caminho da igreja, ela falava para tratarmos todo mundo bem, fossem pessoas na rua, vizinhos ou qualquer um que cruzasse nosso caminho. E isso ficou comigo. Hoje em dia, o respeito que eu tenho pelos outros veio todo dela.

Ela acreditava, com toda certeza, que a igreja era o melhor lugar para nos manter longe dos perigos. E, olhando para trás, faz sentido. Anos depois, quando voltei para aquele bairro onde cresci, nada tinha mudado. A escola ainda estava do mesmo jeito, com os muros sem pintura, as mesmas famílias vivendo ali, muitas delas em situações muito difíceis. Parecia que o tempo tinha parado. Minha mãe enxergava isso desde sempre. Ela, mesma enquanto convivia com o vício, sabia que não queria isso para os filhos de jeito nenhum. Ela dizia que era rígida para nos proteger e falava bem diretamente: "Se eu não dou bronca e bato, vocês nunca vão aprender o caminho certo, e daí vão virar o que eu sou. E eu não quero isso pra vocês."

Ela fazia tudo isso porque, onde a gente vivia, quem não seguisse um caminho certo acabava invisível para o mundo. Ali, ou você se mantinha firme, ou a vida te engolia.

Ela fazia tudo isso porque, onde a gente vivia, quem não seguisse um caminho certo acabava invisível para o mundo. Ali, ou você se mantinha firme, ou a vida te engolia. Ela sabia disso. E, do jeito dela, fez o possível para nos manter de pé. Então ela usava todas as suas forças para deixar para nós os valores que achava mais importantes: igreja, escola, respeito. Era o que ela tinha para nos oferecer. Meu pai também ia à igreja às vezes. No fim, por mais que eu não tenha tido aquele amor de mãe que a gente vê em filmes, de carinho e acolhimento, de vida com rotina, leite e beijo na cama antes de dormir, eu sei que ela fez o que podia. Ela me ensinou a ser homem, a enfrentar a vida, a não esperar que as coisas viessem de graça.

O que minha mãe conta, entre todas as histórias da sua vida, é que logo antes da minha meningite ela passou por um período difícil, antes de começar a se envolver com drogas, quando tentava manter a família de pé, mas ainda bebia junto com meu pai. Um dia, uma mulher desconhecida apareceu na casa dela com algo inusitado: deu a ela dez relógios. Disse que morava no fim da rua, mas, segundo minha mãe, em todos os anos vivendo ali, nunca tinha visto essa mulher. Talvez fosse porque ela trabalhava muito, ou talvez houvesse algo mais estranho nisso. Ela conta que, depois desse dia, as coisas começaram a mudar.

Em questão de dias minha mãe passou por uma das fases mais difíceis da vida dela. No mesmo mês, eu fiquei doente, minha avó foi diagnosticada com câncer e meu avô foi atropelado. Foi como se tudo desmoronasse de uma vez. Minha mãe entrou em uma depressão profunda, se sentia sem forças, e ela conta que qualquer coisa que acontecia a abalava completamente.

Nesse período, algo muito estranho aconteceu. Ela conta que, um dia, viu no quintal da nossa casa uma figura estranha, algo que ela descreveu como um alienígena ou um monstro. Nossa casa era muito antiga, cheia de marcas do tempo, e as paredes estavam todas pretas. Ela sempre teve essa sensibilidade para coisas sobrenaturais e diz que, ao ver aquela figura, sentiu que algo muito maior estava acontecendo. Quando mostrou para nós crianças, todo mundo ficou com medo, mas até hoje ninguém confirma o que era.

Minha mãe tem muitas histórias assim, momentos em que sentiu que havia algo além da nossa compreensão guiando o destino dela; inclusive durante a época em que ela morou na rua, algo que vou contar para você mais adiante. Na época, ela ainda não entendia que Deus tinha um plano para a vida dela. Ia à igreja de vez em quando, acreditava em Deus, mas ainda não tinha encontrado o que chamava de "propósito real".

Entre perrengues e dias de sol, as lembranças de quando eu era pequeno são cheias de momentos bons. Soltar pipa, brincar no quintal, rir das coisas mais bobas. E o mais louco é que, quando a gente se junta hoje, esse clima volta. É só risada, zoeira, aquela conexão de quem cresceu junto e tem um milhão de histórias para contar. Em muitos eventos que fui, a minha irmã Suzana me acompanhava e nós ficávamos só observando, comentando as coisas à nossa volta, reparando nas pessoas, nos lugares, rindo de coisas que só a gente entende. É aquele tipo de laço que o tempo pode separar fisicamente, mas nunca quebra de verdade.

E para ser sincero, na minha família, tudo vira zoeira. Qualquer coisinha que alguém tenha de diferente, qualquer trejeito ou novidade, o pessoal já começa a tirar sarro. Eu, por exemplo, tinha a língua um pouco presa quando era pequeno, e não escapava da gozação. Mas isso não fazia de mim um santinho, minha irmã Suzana conta que eu vivia zoando meu irmão Antônio, chamando ele de "boca torta", e era aquele ciclo sem fim: um zoava o outro, até que alguém ficava bravo, saía briga ou choro ou tudo ao mesmo tempo, mas, no fim das contas, a gente acabava rindo do que aconteceu. E, sério, sempre tinha alguma coisa pra contar. Quando a gente se reunia, ninguém escapava. Era cada um zoando o outro, e se você estivesse ali, podia ter certeza de que ia entrar na roda também.

Essa é a nossa família: cheia de piadas, brincadeiras e pequenas brigas que nunca duram muito. No fim, a gente sempre volta a rir juntos, porque é assim que funcionamos. E, sinceramente, não trocaria isso por nada.

A minha primeira infância, apesar de pobre, tinha essa união. Mas a vida, do nada, muda tudo. Um dia, aos 7 anos, eu tinha saído para brincar na rua, como qualquer outro dia, mas quando voltei, comecei a me sentir mal. Estava fraco, completamente sem forças. Minha mãe lembra de me ver desmaiar, sem entender o que estava acontecendo. Lembra também do nosso pai me pegando no colo e me levando para o hospital. Foi tudo muito rápido, muito intenso. Era o momento em que Deus começou a colocar seu plano para mim em ação.

3
Do dia para a noite a vida muda

"Seu filho pode vir a óbito hoje"

Eu tinha 7 anos quando tudo aconteceu. Lembro que, naquele dia, cheguei em casa, entreguei uma florzinha para minha mãe e disse: "Mãe, vou fazer minha lição, mas minha cabeça tá doendo. Meus braços também." Ela estava sentada à mesa escolhendo feijão e me chamou para ficar perto, mas eu disse depois que iria até a lan house encontrar meus irmãos mais velhos.

Saí de casa e quando voltei estava exausto, fora do normal. Avisei para a minha mãe que ia tirar um cochilo com a Suzana. Na minha lembrança, eu fui dormir na cama de casa e acordei no hospital. Provavelmente não lembro de nada porque estava com febre. Minha mãe percebeu que desmaiei, ficou desesperada e me levou às pressas para a casa do vizinho, o seu Lourenço, antes de correr comigo para o hospital.

Primeiro, fui levado ao posto de saúde. Achavam que era só uma gripe. Me mandaram de volta para casa, mas eu continuava fraco. Depois, desmaiei novamente, dessa vez no banheiro. Foi só então que perceberam que era algo muito mais grave. Dessa vez, fui levado direto para o Hospital Geral de Guaianases.

Minha memória dessa época é meio nebulosa. Além do fato de que eu era muito novo, parece que tudo aconteceu de uma vez.

Para mim, foi como se eu tivesse desmaiado e acordado já no hospital, sem entender nada. Enquanto eu estava internado, quase não via ninguém além dos médicos e enfermeiros. Meu pai e minha mãe me visitavam sempre. Meus irmãos não apareciam tanto, e eu só fui reencontrá-los depois de muito tempo.

Foi ali que veio o diagnóstico: meningite. Tanto eu quanto a Suzana estávamos com a doença. Ninguém sabia exatamente como ou o porquê aquilo tinha acontecido, mas a doença se espalhou de forma rápida e agressiva pelo meu corpo. O que eu não sabia ainda era que esse seria o início de uma grande mudança na minha vida.

Depois que fui internado, os médicos disseram para a minha mãe que meu corpo estava apodrecendo por dentro. O próprio organismo estava colapsando, e eles afirmaram que a qualquer momento eu poderia entrar em óbito. Ela diz que os médicos a chamaram para uma conversa e perguntaram: "Você quer salvar o cérebro dele ou os membros?" Ela não teve dúvida e respondeu na hora: "Quero salvar o cérebro dele."

Ela sempre me dizia o quanto eu era uma criança ativa. Com 4 anos, enquanto meus irmãos ainda precisavam de ajuda, eu já sabia dar nó no cadarço sozinho. Ela se lembra perfeitamente do dia em que me viu amarrando o tênis e mostrando pra ela, todo orgulhoso: "Mãe, consegui!" Eu aprendia tudo rápido. Larguei a mamadeira e a chupeta ao mesmo tempo, e já queria tomar banho sozinho.

Quando fiquei doente, foi um choque para ela. No hospital, viu meus braços e pernas ressequidos, sem vida, e percebeu que algo muito grave estava acontecendo. Um dia, quando entrou na sala onde eu estava internado, viu que haviam colocado um tubo na minha boca. Mas o pior foi quando ela percebeu que pedaços do meu próprio corpo estavam saindo por aquele tubo. Desesperada, perguntou ao médico: "Doutor, o que é isso que está saindo?"

A resposta veio como um soco no estômago: "Mãe, damos remédio para os membros, mas atinge o coração. Damos remédio para o coração, mas atinge o fígado. Damos remédio para o fígado, mas atinge os rins. Esses pedaços que a senhora está vendo... são o organismo dele. Ele pode entrar em óbito a qualquer hora."

Minha mãe não soube o que fazer. Saiu da sala desnorteada e foi direto para o banheiro. Lá, caiu de joelhos e fez a única coisa que estava ao seu alcance: orou com toda a força que tinha. Ela repetia: "Senhor, não deixa meu filho morrer. Meu filho é tão esperto, tão bonzinho. Todo dia, quando ia para a escola, ele pegava uma florzinha do mato e dava para as professoras, para as faxineiras. Quando voltava, ele passava pelo mato atrás da escola e trazia uma flor para mim. Ele sempre foi tão esperto, sempre fez tudo sozinho, cuidava das coisinhas dele, sempre foi sorridente, bem-humorado. Não deixa ele morrer." No dia em que os médicos disseram que eu ia morrer, minha mãe foi para o banheiro do hospital e implorou para Deus: "Senhor, não deixa meu filho morrer, pai!" Foi naquele momento que ela lembrou do meu nascimento, algo que nunca saiu da cabeça dela.

O filho que ela conhecia era uma criança ativa, esperta, que sempre queria aprender, que prestava atenção nos pequenos gestos, que tinha pressa em viver. E agora, eu estava ali, entre a vida e a morte.

Ela lembra que, naquele momento, continuou se agarrando às memórias que tinha de mim. "Senhor, meu filho é alegre, com meu filho nunca tem tempo ruim, qualquer coisa que a gente dá, ele aceita com um sorriso. Meu filho é independente, não espera ninguém fazer por ele. Com 6 anos, ele já ia para a pia lavar o próprio copo quando não tinha nenhum limpo. Ele não precisa que a gente peça nada para ele. Ele sempre foi assim." Ela falava e falava, tentando convencer Deus de que eu merecia viver.

Foi então que, segundo ela, ouviu uma voz dentro do banheiro: "Fica em paz, ele não vai morrer." Aquela frase tomou conta dela de um jeito inexplicável. Ela levantou, sentiu uma força enorme dentro de si e voltou para a sala dos médicos. Olhou nos olhos deles e disse, sem hesitar: "Meu filho não vai morrer."

No dia em que os médicos disseram que eu ia morrer, minha mãe foi para o banheiro do hospital e implorou para Deus: "Senhor, não deixa meu filho morrer, pai!"

O médico olhou para ela, meio cético, e respondeu algo como: "Mãe, eu entendo seu desespero...". Mas minha mãe interrompeu: "Deus acabou de falar comigo lá no banheiro". Claro, ninguém levou muito a sério. Acharam que era só a tentativa de uma mãe desesperada de ignorar a realidade de perder um filho.

Naquele dia, mesmo com essa certeza dentro dela, minha mãe ainda estava emocionalmente devastada. Ela disse que sentia como se estivesse flutuando, sem conseguir firmar os pés no chão. Como ela e meu pai já tinham problemas com álcool, na volta do hospital ela passou por um bar e tomou uma pinga para tentar se manter de pé e não enlouquecer. Foi nesse dia que alguém ofereceu a ela o crack e, não vendo muito futuro, sem forças para lutar, ela aceitou. Era o começo do caminho para o fundo do poço da vida dela.

No dia seguinte, quando voltou ao hospital, ela conta que estava na fila do refeitório para comer algo antes do horário de visitas, sem saber exatamente o que encontraria ou sequer se eu ainda estava vivo. Foi quando ouviu uma mulher contando para outras pessoas: "Gente, foi impressionante. Ontem, uma mãe disse para o médico que seu filho não ia morrer porque Deus falou com ela no banheiro. E sabe o que aconteceu? Depois que ela saiu, passaram-se uns cinco minutos e o menino, que estava entubado, abriu os olhos! O sangramento parou! Foi um milagre!"

Minha mãe parou, sem acreditar no que estava ouvindo. A mulher olhou na direção dela e apontou: "Foi aquela mãe ali!". As pessoas da fila comentavam e falavam com ela que eu estava vivo mas ela ainda tinha medo de acreditar até conseguir falar com os médicos e me ver pessoalmente.

Então, assim que ela entrou na UTI, os médicos vieram contar o que aconteceu. Assim que minha mãe saiu da sala, todos os meus sinais começaram a se estabilizar. O sangramento parou. Meu coração voltou ao ritmo normal. As máquinas que antes indicavam falência começaram a mostrar que eu estava reagindo. Eles não sabiam explicar. Apenas olharam para minha mãe e disseram: "Aconteceu um milagre."

Minha mãe sempre fala sobre esse momento com muita emoção. Para ela, foi um divisor de águas. Ela diz que nunca vai esquecer o instante em que ouviu aquela voz no banheiro, o momento exato em que sentiu que eu não partiria. Naquele dia, dentro daquela sala de hospital, algo que ninguém podia explicar aconteceu. E eu acordei.

A meningite que tive foi uma das formas mais agressivas da doença. Mesmo depois de sair desse estado entre a vida e a morte, eu ainda corria riscos e passei muito tempo internado. No decorrer das semanas a situação foi se agravando até chegar ao ponto em que a única opção era amputar minhas pernas.

Lembro do momento em que os médicos me chamaram e disseram: "Vamos precisar amputar apenas as pernas." Eu já estava exausto da dor. Todos os dias, faziam curativos em mim, e cada troca de gaze era um tormento. Minha carne saía junto com os curativos, e não tinha como aliviar aquilo. Aos 7 anos eu passei um mês inteiro suportando esse processo, sem descanso. Então, quando me falaram que iam remover minhas pernas, minha resposta foi simples: "Pode tirar." Eu só queria que aquela dor parasse.

Depois de um tempo, veio a segunda notícia: meus braços também precisariam ser amputados. Quando ouvi isso, ao contrário do que muita gente imagina, eu não fiquei triste. Pelo contrário, eu fiquei feliz, porque, assim como foi com as pernas, eu já estava há muito tempo com dor. Para muitos, perder os braços e as pernas seria o pior pesadelo. Para mim, era a libertação do sofrimento que parecia não ter fim.

Para muitos, perder os braços e as pernas seria o pior pesadelo. Para mim, era a libertação do sofrimento que parecia não ter fim.

Depois da amputação acabei ficando dois anos no hospital, me recuperando, fazendo fisioterapia, passando por cirurgias e enxertos. Meu corpo precisava se adaptar a essa nova realidade, e o processo foi longo. Passei aniversários ali, conheci muitas pessoas e, apesar de tudo, até tive momentos bons no hospital. Enquanto isso, minha mãe se afundava ainda mais no vício enquanto seu casamento com meu pai desmoronava.

Minha irmã Suzana conta que ia me visitar nos hospital enquanto eu estava lá, mas que não entendia muito o que estava acontecendo. Ela me via ali, deitado na cama, com a mão apoiada no colchão. Ela não se lembra exatamente do tempo que fiquei internado, mas recorda bem de como ia e voltava, conversava comigo, me via andando pelos corredores do hospital carregando aquele suporte de soro. Eu sempre dava um jeito de irmos até a sala de brinquedos.

Ela também lembra da época em que eu estava enfaixado. Eu dizia que doía, e, às vezes, ela tentava espiar para ver como minha pele estava. Quando via que estava escura, quase preta, ela ficava assustada. Mas éramos crianças, e, de certa forma, não entendíamos muito bem a gravidade daquilo. Ela via as mudanças na minha mãe, no meu pai, percebia que algo sério estava acontecendo, mas, ao mesmo tempo, nossa perspectiva ainda era inocente.

Dois anos depois: a alta

Depois de dois anos de luta, finalmente recebi alta e voltei para casa. A vida que me esperava era completamente diferente da que eu conhecia, mas, naquele momento, tudo o que importava era que eu ainda estava vivo e estava de volta com meus pais e irmãos.

Quando voltei para casa, sem os braços e sem as pernas, meus irmãos contam que eu ainda era a mesma pessoa. Animado, bem-humorado, ativo. No fim, nada mudou entre nós. Eu continuava o

Comemorando aniversário alguns anos depois de sair do hospital

mesmo. Eles só registraram aquilo como um fato: "Meu irmão não tem mais as mãos. Ok. Vamos continuar brincando."

Não houve aquele drama de "acabou tudo". A vida seguiu. Eu estava ali, de cadeira de rodas, mas continuávamos rindo, zoando, vivendo. A perda dos meus membros não significava que dali para frente eu precisava ser triste. Poxa, eu já tinha perdido os membros, ia perder a personalidade também? Eu acredito que devido ao fato de meus irmãos não terem mudado como me tratavam, isso fez com que eu também não me visse como alguém diferente. A gente seguiu do mesmo jeito, rindo, brincando, vivendo nossa rotina. Mas nossa vida estava prestes a mudar ainda mais. O vício dos nossos pais se agravava e minha mãe tinha começado a vender as coisas de casa para usar drogas. Entre elas, vendeu a minha bicicleta, que foi o meu bem mais precioso da infância. Sempre fui apaixonado pela velocidade, por aquela sensação de estar "voando", então a bicicleta era a minha coisa preferida, não importava quantos tombos eu levasse. Essa sensação eu consegui recuperar muitos anos depois, quando o skate entrou na minha vida. Eu podia voar de novo.

Para uma família que já passava dificuldades, ter os pais adictos, sem trabalhar e vendendo as coisas de casa para conseguirem sustentar o vício, tornou nossa vida quase insuportável. Pedíamos comida, pedíamos dinheiro no farol – minha mãe pedia para minhas irmãs me levarem para tentar conseguir mais dinheiro, e a vizinhança já tinha começado a reparar que aquelas crianças provavelmente estavam em perigo.

4

De volta para casa

Quando voltei do hospital, meu pai e minha mãe já estavam afundados no vício. Se antes as coisas já eram difíceis, agora pareciam ainda piores. Eles iam me visitar enquanto eu estava internado, assim como outros familiares, sempre cuidando de mim do jeito que podiam, mas, dali (e com a minha idade) eu não tinha dimensão de como a vida estava tomando forma na minha casa. E, quando finalmente voltei depois de quase dois anos no hospital, a realidade bateu de frente.

Voltei feliz por estar em casa novamente, tão feliz que a minha irmã Sandra conta que ficou assustada quando me viu. Não porque eu estava sem os braços e as pernas, mas porque eu estava alegre de verdade. Segundo ela, parecia que eu tinha evoluído, crescido como pessoa, não que tinha perdido algo. Estar de volta com meus irmãos era tudo que eu queria. Mesmo com a minha nova condição física, em pouco tempo tudo voltou ao normal: brincava na rua, eles me carregavam junto, ainda aprontávamos bastante e eu continuava do mesmo jeito de sempre.

Na escola, arrumaram uma enfermeira para me ajudar. No começo, tentaram me adaptar para conseguir me locomover com próteses, e minha irmã me ajudava a colocá-las. Mas nunca me acostumei com aquilo. As próteses machucavam, não eram confortáveis, e, no fim, mais do que ajudar, elas doíam e atrapalhavam. Um dia, simplesmente decidi que não queria mais usá-las. Assim comecei a inventar meu jeito próprio de me locomover: comecei lá atrás e hoje consigo saltar de cadeiras, ir de um lugar para o outro sem ajuda, e subir na minha cadeira motorizada (que demorou para chegar, ainda vamos falar dela).

Com o passar dos dias reparei que a nossa situação como família tinha piorado bastante, a gente dependia ainda mais da escola para comer, não tinha roupa, não tinha comida em casa. Minha mãe começou a vender coisas de casa para conseguir sustentar o vício, e em uma dessas vendas, como eu disse, a minha amada bicicleta foi embora. Mas ela não ficou só na bicicleta. Foi vendendo objetos, móveis, eletrodomésticos, fogão, até ficar só o colchão para dormirmos.

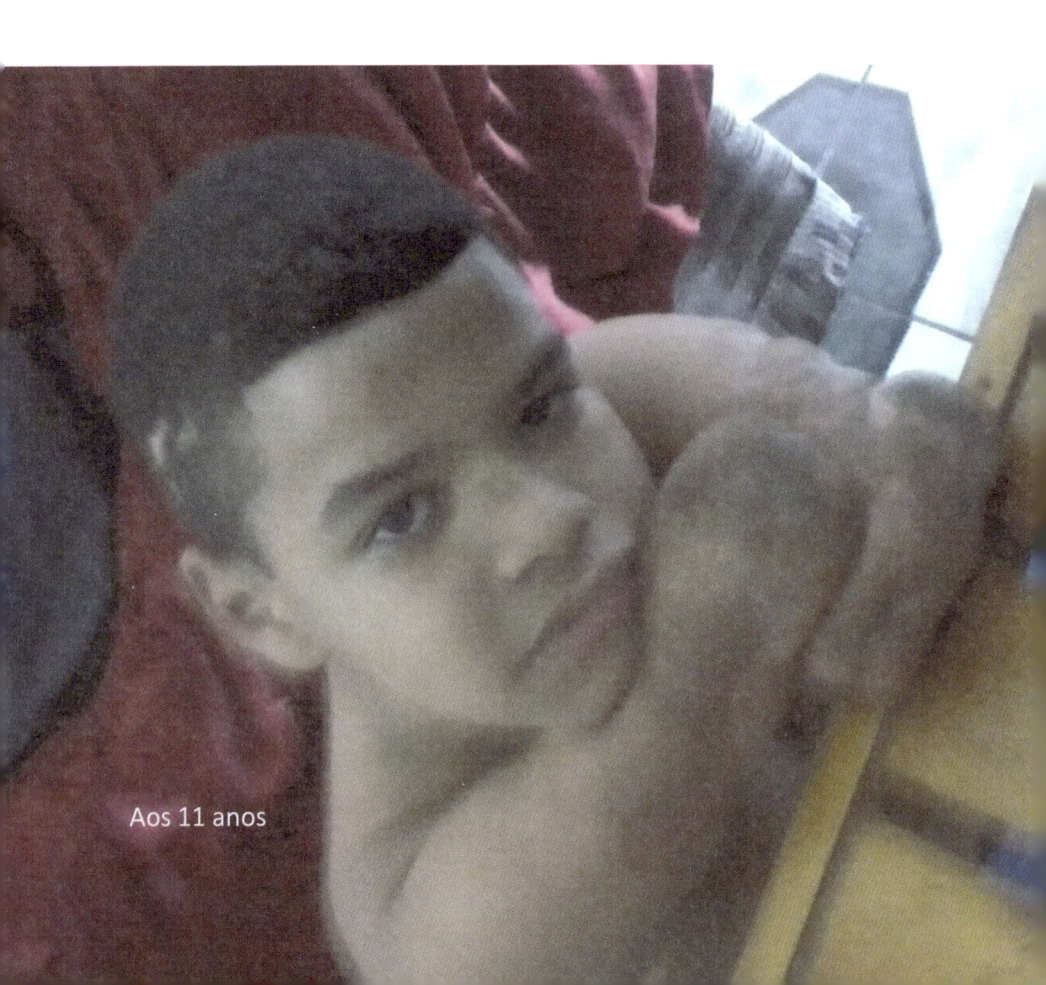

Aos 11 anos

Fiquei com minha mãe e meu pai por cerca de um ano depois de sair do hospital. E provavelmente foi tempo demais, porque o nível de dificuldade que estávamos enfrentando era muito maior do que eu lembrava. Minha mãe, ainda viciada, me levava para pedir esmola na rua, já que ver uma criança com deficiência tinha mais chances de gerar empatia. Ela se arrepende até hoje, pois dizia para as pessoas que eu estava passando necessidade, mas, no fundo, o dinheiro ia para sustentar o vício. A escola estava lá para nós como um porto seguro. Para mim e para meus irmãos, era o prato certo de comida, mas quando era autorizado ia a família inteira comer. Meus irmãos lembram de uma vez em que fomos pedir comida em um restaurante com uma bacia, e uma funcionária apontou para nós e comentou com ironia: "Olha lá, as crianças com o aleijadinho vindo pedir comida de novo."

Foi um tempo curto, mas intenso. Minha irmã Sandra me ajudava a ir para a escola, me ajudava com as próteses (mesmo eu não gostando delas), e viu de perto quando nossa mãe começou a nos levar para pedir esmola. E, mesmo assim, eu continuava sorrindo.

Mesmo com tanta coisa acontecendo, eu era ainda uma criança

Minha mãe sempre diz que eu nunca fui uma criança triste. Mesmo depois que perdi meus braços e minhas pernas, ela conta que ficou impressionada, porque eu continuava sendo o mesmo Daniel de sempre, sem reclamar da vida. A única vez que ela me viu realmente triste foi nesse período curto em que estive de volta com ela, quando estávamos dentro de um ônibus. Estávamos passando por uma rua e eu vi algumas crianças empinando pipa. Olhei para minha mãe e disse: "Ah, eu queria tanto ter braços para empinar pipa."

Minha mãe, cheia da fé que ela sempre teve, me olhou e respondeu: "Seus braços estão lá no céu, e suas pernas também. Isso aconteceu com você porque Deus tem um grande propósito na sua vida. Mas o Senhor nos ama, não importa o que aconteça." Naquele momento, ela conta que eu, com apenas 8 ou 9 anos, simplesmente a abracei e disse: "É verdade."

Nesse período, para somar nas histórias inacreditáveis da minha mãe, tem uma que eu mesmo me lembro. Um dia estávamos na rua, enquanto ela empurrava minha cadeira, passou uma moça e parou para falar com ela. A moça olhou nos olhos da minha mãe e disse "esse menino ainda vai te sustentar". Minha mãe conta que, na mente dela, ela não entendeu. Como aquele menino poderia sustentar alguém? Além de novo, estava com mais problemas do que soluções para apresentar. Anos depois, essa profecia também se mostraria verdadeira.

Minha irmã Sandra também lembra de um dia em que fomos para a escola juntos e ela me empurrava na cadeira de rodas até que me derrubou na pista de skate. Esse era o nosso jeito, tudo era brincadeira. E não foi a única vez, não. Ela chegou a subir no telhado da escola, e me levou junto, sem braços e sem pernas. Ela me subiu e, o mais impressionante, deu um jeito de descer também. Não havia nada que a gente não tentasse.

Já minha irmã Suzana se lembra da escola de uma forma um pouco mais triste. Nós estudávamos juntos, na mesma sala, mas ela percebia que eu não era tratado da mesma forma. Ela fazia as atividades normais, escrevia e aprendia, enquanto eu ficava separado, apenas pintando ou fazendo alguma coisa aleatória. Em alguns momentos ela ia até a minha mesa me ajudar, mas já tinha entendido que a professora não estava me tratando como aos outros alunos. A escola não sabia como me incluir, então me deixava ali, sem se preocupar em me fazer evoluir. Ela sabia que aquilo não era justo. Eu lembro que, uma vez, quando a turma teve uma prova, eu estava muito preocupado por não saber as respostas. E perguntei para a professora "o que eu faço?", ela só respondeu "marca qualquer coisa", e seguiu em frente.

A escola não sabia como me incluir, então me deixava ali, sem se preocupar em me fazer evoluir.

Aos 10 anos

No fundo, acho que me colocaram na sala da Suzana porque éramos irmãos, porque já sabíamos lidar um com o outro e ela sabia como me ajudar para as coisas básicas. Mas isso não mudava o fato de que eu estava sendo deixado de lado no aprendizado. Enquanto isso, para as outras crianças, os meus colegas, minha presença nunca foi um choque, não era algo estranho. Eu era só mais um ali, vivendo a vida do meu jeito.

Conselho tutelar

Por mais que minha mãe mantivesse a sua fé, a realidade dela ficava cada dia mais dura e difícil. Ela conta que, desde que eu saí do hospital, cada vez que lembrava de mim daquele jeito, sem braços e pernas, o desespero tomava conta dela. Então, para esquecer, e anestesiar a culpa que ela sentia por ter deixado isso acontecer comigo, se afundava cada vez mais na droga, em um ciclo que só piorava. Nós, os filhos, já estávamos acostumados com aquela vida. A gente achava tão normal a nossa situação que, uma vez, meu irmão mais velho, o Rony, estava na rua com um amigo e começou a chover. Eles correram para a casa desse amigo, e o Rony na hora começou a procurar os baldes. Quando viu que não tinha nenhum, ele perguntou "sua casa não pinga não quando chove?". Não precisava de balde, não tinha goteira, e o Rony jurava que pingava em todas as casas quando chovia, mas era só na nossa mesmo.

Pegávamos comida na escola, trazíamos para casa, quando conseguíamos uma marmita, dividíamos entre nós cinco. Mas, muitas vezes, quando recebíamos uma cesta básica, nossa mãe vendia metade das coisas para sustentar o vício, deixando quase nada para a gente. Às vezes íamos dormir com fome ou, quando meus pais traziam a comida do lixo, tinha que guardar debaixo do travesseiro para poder comer de manhã. Na nossa cabeça de criança, isso era normal. Mas os adultos ao nosso redor enxergavam o que a gente não via e decidiram agir. A situação em casa já estava insustentável quando a escola, percebendo que não estávamos bem, resolveu chamar o conselho tutelar.

Quem se lembra melhor desse dia é minha irmã Sandra, ela conta que uma assistente social apareceu para conversar com a gente. A primeira conversa com a assistente social foi comigo e com a Sandra, depois foram falar com a Suzana e Antônio, que estudavam na mesma escola que nós. Quando chegaram, começaram a conversar para nos convencer a ir para um abrigo, dizendo que seria algo bom, porque significava ter comida, brinquedos, um lugar seguro para dormir. Eu tinha uns 8 ou 9 anos, e, no começo, não queria ir de jeito nenhum. A verdade é que ninguém queria ir, porque nós queríamos ficar com a família, sempre tivemos medo de nos separar. Mas continuaram insistindo, dizendo que lá seria diferente, que teríamos tudo o que não tínhamos em casa, até brinquedos. Eu nunca tinha tido um brinquedo legal, então, por um instante, essa ideia mexeu comigo, mas não o suficiente para eu querer deixar os meus pais.

A assistente social nos explicou que minha mãe estava usando drogas em um nível que já colocava nossa segurança em risco. Explicou que iríamos para um lugar melhor, com comida, com segurança, sem violência. Todos nós falamos com a assistente social, mas, depois de entender o que estava acontecendo, quem tomou a frente foi a Sandra. Por ser mais velha, ela compreendia melhor o que estávamos passando e, quando falaram para ela que teríamos camas para dormir, tomar banho quente todo dia, ter o horário das refeições certinho, uma vida com rotina, ela passou a tentar fazer com que todos nós fossemos para o abrigo juntos. Ela percebeu desde sempre que sair da casa dos nossos pais separaria os irmãos, e desde esse dia, se esforçou para tentar juntar todo mundo no abrigo. Mas, quando chegou a vez da minha irmã Suzana responder, ela foi firme: "Não quero. Quero ficar com meus irmãos, com minha família."

A assistente social nos explicou que minha mãe estava usando drogas em um nível que já colocava nossa segurança em risco.

Ela não queria ir. Nenhum de nós queria. Mas não adiantava. Eles já tinham decidido. Em menos de uma semana, eles voltaram para me buscar na escola. Suzana e Antônio estudavam em períodos diferentes, então, no começo, fui para o abrigo apenas com Sandra. Suzana e Antônio ficaram em casa esperando a gente voltar, sem saber que aquilo era um adeus. Uma van apareceu e nos levou para o abrigo.

O plano do conselho era levar também Suzana e Antônio. Minha irmã lembra do dia em que estavam catando latinhas na quermesse perto de casa. Olhando para as estrelas, ela e eu costumávamos brincar que podíamos "pegar uma estrela e guardar no peito para fazer um desejo." Mas, naquela noite, não havia mais desejos a serem feitos. Foi ali que tudo mudou para ela. Minha irmã Suzana conta que ficou sem entender o que estava acontecendo. Ela perguntava para minha mãe: "Onde está o Daniel? Onde está a Sandra?" Mas minha mãe, perdida no vício, não tinha uma resposta.

Uma prima distante nos viu nessa mesma quermesse pedindo comida dias antes e contou para o pai dela sobre a situação da nossa família. Esse homem, que, no fim das contas, não tinha nenhum parentesco direto conosco, foi até a nossa casa. Minha irmã se lembra dele falando sério com minha mãe, enquanto ela chorava. No fim, ele disse: "Eu vou levar ela para minha casa."

Suzana, ainda sem entender direito, só conseguiu repetir que não queria ir. Mas como era um plano que minha mãe concordava, até para evitar que ela também fosse para o abrigo, ela se resignou e, mais uma vez, foi uma criança obediente. Ela foi levada para essa nova família, que, com o tempo, adotou ela oficialmente. Foi bem recebida, teve um lar, comida, escola, tudo do jeito que deveria ser. Mas, por dentro, ela conta que sempre se perguntava: "E meus irmãos? Onde está minha família?" Mesmo tendo um novo lar, ela nunca conseguiu parar de pensar em nós.

Neste momento, a nossa família se separou mais uma vez. Meu irmão mais velho, Rony Anderson, conseguiu sair antes da casa dos nossos pais e viu de perto o que estava acontecendo com eles. Antônio foi para a casa de um parente. Ficamos todos espalhados. Minha mãe lembra do dia que fomos levados para o abrigo como um marco. Ela já tinha vendido tudo dentro de casa: fogão, botijão, qualquer coisa que pudesse transformar em dinheiro para usar drogas. Quando percebeu, não estávamos mais lá. Ela foi até a escola para nos buscar, mas o conselho já tinha nos levado.

Suzana não estava conosco no abrigo, mas ainda estávamos todos estudando na mesma escola, e Sandra fazia de tudo para visitá-la. Depois de um tempo, Antônio conseguiu ir para o abrigo também, e foi assim que passamos três anos ali. Durante esse período, tivemos acompanhamento psicológico e assistência social.

"Meu maior medo aconteceu"

Minha mãe diz que, quando se deu conta que estava perdendo a guarda dos filhos, pensou: "Acabou para mim, meu maior medo aconteceu."

Ela pensava isso por conta de uma história prévia, já que ao se separar do primeiro marido, muitos anos antes, tinha perdido as duas filhas. Ainda tinha contato, mas não podia ficar com elas, e carregava aquela tristeza desde sempre, junto com a promessa que fez para si mesma de nunca nos perder como perdeu as filhas. Ao ver que não tinha conseguido cumprir o que mais queria, minha mãe entrou em desespero, sentiu que a vida não tinha mais sentido e daí seu vício se agravou.

Ao mesmo tempo, ela conta que nunca perdeu a fé em Deus. Mesmo no vício, tentava ao máximo ir para a igreja e nos levar também. Enquanto nós tínhamos a escola, ela buscava seu próprio porto seguro na fé. Uma vez, no meio desse caos, ela entrou em uma igreja e ouviu uma palavra que pareceu ser diretamente para ela: "Vou te jogar num lamaçal profundo, mas de lá vou te tirar para provar que sou Deus na sua vida."

Minha mãe diz que, quando se deu conta que estava perdendo a guarda dos filhos, pensou: "Acabou para mim, meu maior medo aconteceu."

Minha mãe conta que, naquele momento, sentiu que Deus estava falando com ela. E, de fato, ela entrou no lamaçal mais profundo da vida dela. Pouco tempo depois de perderem a guarda dos filhos, meus pais se separaram e tanto meu pai quanto minha mãe foram morar na rua. Ela conta que sempre, a cada momento que ela passou na rua algo dentro dela ainda acreditava que um dia sairia daquela situação. Ela manteve a fé, mesmo muitas vezes não podendo ir à igreja. Continuava orando e vivendo suas histórias impressionantes, agora no lugar mais hostil que já tinha enfrentado.

Ela conta que o pior não era morar na rua, sofrer violência, insegurança, pedir comida ou esmola para conseguir comprar mais droga, o que mais fazia ela sofrer era a culpa. Ela lembrava das vezes em que nos deixou dormir com fome, mas ainda assim conseguia arranjar cinco reais para comprar droga e não comprava um suco para nós, algo que dói nela até hoje. Ela conta que se lembrava disso o tempo todo, e que, quanto mais errava, mais se afundava, mais culpa sentia.

Mas, apesar de tudo, ela diz que sempre tentou nos proteger. Minha avó e minha tia ajudavam, então, mesmo na dificuldade, nunca ficamos sem um teto. Minha mãe se agarrava a isso para se convencer de que não éramos tão malcuidados quanto outras crianças que ela conheceu na rua.

Ela conta sobre mães que, como ela, eram viciadas, mas que acabavam torturando os filhos. Uma das mulheres que ela conheceu na rua esqueceu uma vela acesa perto da cama do filho. O colchão pegou fogo e queimou a criança inteira. Minha mãe dizia que, mesmo no fundo do poço, tomava cuidado para que nada parecido acontecesse com seus filhos. Enquanto estávamos sob o mesmo teto, ela tinha muito medo de nos machucarmos. Quebrava as pontas das facas que tinha em casa para que ninguém se machucasse. Se usava uma gilete, jogava direto na privada e dava descarga. Ela repete isso até hoje, talvez como forma de tentar amenizar o estrago que causou. Ela sabia que já tinha me feito sofrer demais, mas dizia que, pelo menos, não queria que eu crescesse com marcas que fizessem eu pensar que minha mãe não cuidou de mim.

Só que, no fim, a dor que ela me causou não era algo que dava para apagar. Eu perdoei minha mãe, porque não importa o que aconteça, devo a ela o milagre da vida. Eu sempre falo para ela que mesmo com todos os erros dela, nunca consegui parar de amá-la.

Ela me carregou no próprio corpo, me limpou, amamentou, e, dentro da sua capacidade, cuidou o quanto pôde dos filhos. Quando ela ficou sem condições de cuidar de nós, ela mesma estava em uma situação ainda pior. E, mais do que pedir perdão para nós, ela precisava aprender a se perdoar também. Ela não teve aqueles filhos sozinha, meu pai também havia se envolvido com drogas e nos deixado sem amparo. Nunca faltou amor entre eles, e deles para nós, mas faltou muita estrutura, e faltaram recursos para que pudéssemos ficar juntos, para que os dois tivessem acesso à ajuda necessária.

Minha mãe chegou a ir dez vezes para a internação, para tentar sair do vício. Não foi por falta de tentativa dela. Demorou muito tempo até que ela conseguisse, de fato, sair da situação em que estava. Se depois da internação a pessoa volta para a rua, para passar fome, o que sobra? É voltar para o vício, a companhia certeira de tantos anos, é o que parece dar a força para continuar. Na décima internação, ela conta que sentiu Deus falando com ela de novo (e, como você já sabe, não questiono as histórias da minha mãe). Ali ele disse que ela estaria livre, e ela prometeu fazer jejum para conseguir essa libertação. Entre dias de jejum, orações, e uma força de vontade que ela ainda não tinha experimentado, se libertou. E isso é história para mais tarde.

5

Os anos de espera

Se eu dissesse que tenho muitas lembranças do tempo em que morei no abrigo, estaria mentindo. A verdade é que boa parte do que conto neste capítulo veio dos depoimentos dos meus irmãos e da minha mãe. É como se a minha memória tivesse se escondido para me proteger, a minha mente colocou um cobertor pesado sobre tudo aquilo que eu vivi naquela época. E faz sentido. As coisas que aconteceram naquela fase eram grandes demais para uma criança do meu tamanho segurar sozinha. É um tipo de dor que o corpo e a mente encontram jeitos de esconder para que a gente possa seguir em frente.

Às vezes, quando estou com meus irmãos e eles começam a contar histórias daquele tempo, eu fico em silêncio, ouvindo. Me espanto com a riqueza dos detalhes do que eles lembram. Às vezes até achamos graça. Mas sempre confio no que eles contam. Porque sei que cada um guardou aquilo de um jeito, e os detalhes que faltam em mim, sobram neles.

Do que mais me lembro do abrigo é a saudade. Saudade da nossa casa, do nosso canto, mesmo que aquele canto fosse pequeno e cheio de dificuldades. Saudade da minha mãe, e muita saudade do meu pai. Eu me perguntava todos os dias onde eles estavam, se estavam bem, se lembravam da gente. Pensava no meu pai, nos meus irmãos. Naquela época, eu não tinha notícias do Rony Anderson, meu irmão mais velho, e isso também doía. Mas eu vivia com a Sandra e o Antônio, e ainda encontrava a Suzana na escola; isso, por menor que parecesse, era um alívio no meio do vazio. Ela era um pedaço da minha casa que ainda estava ali.

Tem um versículo da Bíblia que, toda vez que leio, me leva direto pra esse momento da minha vida. E quero convidar você a ler também, mesmo se não for o seu lance, vai ser bem rapidinho e prometo que vai fazer sentido.

> "Mas os que esperam no Senhor renovarão as forças, subirão com asas como águias; correrão, e não se cansarão; caminharão, e não se fatigarão."
>
> (Isaías 40:31)

Essa passagem sempre mexeu comigo. É como se ela tivesse sido escrita pra mim e pros meus irmãos naquele momento. A promessa é simples, mas profunda: quem confia em Deus vai ter forças para continuar, mesmo quando tudo ao redor parecer desabar. Essa força não vem de dentro da gente, mas do Espírito de Deus que habita em nós. E eu precisava acreditar nisso, porque naquele tempo, era só o que eu tinha. Esperança.

Nas escrituras, a palavra "esperar" carrega um significado muito bonito. Não é só ficar parado, é confiar, ter esperança, aguardar com fé, e continuar fazendo as coisas que você deve fazer. Esperar é seguir trabalhando, orando, acreditando, mesmo sem uma resposta em vista. E o abrigo era isso: uma espera. Uma espera sem prazo, sem data marcada. A gente não sabia quando ia acabar, nem como. Nosso destino estava fora das nossas mãos. E isso é duro pra qualquer um, mas pra uma criança, é ainda mais difícil de entender.

Enquanto íamos para escola, fazíamos lição, saíamos para viagens com os colegas do abrigo, estávamos esperando. E eternamente em dúvida. A gente se perguntava o tempo todo: será que minha mãe vai se recuperar? Será que vai voltar para buscar a gente? Será que vamos ser separados? Será que cada um vai ser adotado por uma família diferente? Ou será que vamos voltar a morar todos juntos? Essas perguntas eram como pedras no fundo do peito. Cada pessoa da nossa família fazia essas perguntas diariamente à sua maneira, em silêncio, com medo da resposta.

Meu pai conseguiu nos visitar no abrigo uma única vez. Minha mãe não foi nenhuma. Segundo ela, não queria que a gente a visse do jeito que estava naquela época: morando na rua, debilitada, tomada pelo vício. Disse que preferia saber que estávamos bem, alimentados, em segurança, mas não nos mostrar o seu fundo do poço. Ela não queria que a imagem dela naquele estado ficasse marcada na nossa cabeça. Queria manter a mãe que nos levava para a igreja, era rígida, escolhia feijão na mesa da cozinha e cuidava para não ter sequer uma faca ao alcance dos filhos. Eu entendo isso hoje. Entendo mesmo. Mas, na época, eu não me importaria, porque tudo o que eu queria era ver o rosto dela, ouvir sua voz de perto, sentir seu cheiro, saber que ela ainda estava ali.

Ficamos juntos no abrigo por três anos — eu, a Sandra e o Antônio. Três anos dividindo um teto que não era nosso, mas que nos manteve unidos. Três anos tentando entender o que era família quando tudo ao redor estava fora do lugar. E mesmo com as lembranças meio embaçadas, sei que foi esse amor entre irmãos que me manteve de pé. Porque o amor, assim como a fé, também tem o poder de renovar as nossas forças.

Durante os três anos em que fiquei no abrigo com meus irmãos, a Suzana ainda ia comigo para a escola. A gente estudava no mesmo lugar, e isso, de certa forma, era um consolo. Mesmo sem morar na mesma casa, a gente se encontrava quase todos os dias. Só de ver a carinha dela, já era como se eu me lembrasse quem eu era, como se eu ainda tivesse um pedaço da nossa casa comigo.

A Suzana me contou uma vez que, sempre ao sair da escola, ela passava bem perto da nossa antiga casa. Era quase em frente, só precisava virar a esquina. Ela ficava com vontade de entrar, de ir até lá, de ver como estavam as coisas. Mas não tinha coragem. Mesmo morrendo de vontade, preferia pedir permissão ao pai adotivo para fazer isso. De tanto falar que queria, uma vez, ele deixou que ela fosse. Ela conta que quando ela chegou lá, não tinha quase ninguém em casa. Só minha mãe, dormindo, e meu pai, num estado que ela nem quis descrever muito. A casa estava descuidada, suja, pesada. Ela saiu de lá com um nó no peito.

Depois disso, ela parou de me ver na escola por um tempo. Disse que não lembrava exatamente por quanto tempo, mas que sentiu muito a minha falta. A Suzana tem um coração enorme. E naquela época, mesmo tão pequena, ela orava por mim. Dizia que aprendeu com a nossa mãe a orar, a conversar com Deus, e fazia uma oração bem específica: "Pai, deixa eu ficar com meu irmão. Não deixa acontecer nada de ruim com ele. Se for pra acontecer alguma coisa ruim, que seja comigo, mas não com ele." Ela me contou isso depois, e eu nunca esqueci. Porque naquele momento, mesmo longe, mesmo sem entender muito bem o que estava acontecendo, a Suzana estava ali por mim. Em espírito. Em oração. Naquele tempo de espera, era tudo o que podíamos fazer uns pelos outros, continuar nos protegendo, ainda que longe.

Nosso pai só apareceu no abrigo uma única vez. Ele foi ver a gente, mas não voltou mais. Depois disso, quem começou a ir com frequência foi a irmã dele, minha tia Marlene. Ela começou a nos visitar com mais constância, se aproximar, conversar, entender a situação em que estávamos. Foi a partir dessas visitas que surgiu a possibilidade de adoção, afinal, mesmo sendo uma mulher que já tinha seus problemas para resolver, ela não queria deixar parte da sua família separada. Foi a primeira vez que a ideia de ter uma nova casa começou a se desenhar no horizonte. A chance de não ficar mais esperando. A chance de, talvez, ter de novo uma família por perto.

Abrigo pode ajudar, mas não é família

Hoje em dia, quando eu olho pra trás e penso no que vivi, sei que o que aconteceu comigo e com meus irmãos não foi um caso isolado. Atualmente, mais de 33 mil crianças e adolescentes no Brasil estão passando pela mesma situação: vivendo em abrigos, longe da família de origem. O mais duro é saber que, na maioria das vezes, essas crianças não são órfãs. A separação não vem por morte, mas por abandono, negligência, violência ou outras questões que tiram dos pais a capacidade de cuidar dos próprios filhos. A maioria dessas famílias quebra por dentro antes mesmo de quebrar por fora, e não encontra apoio para se refazer.

Quando eu estava no abrigo, apesar de saber que eu estava seguro, tinha um teto, comida e até outros jovens por perto, eu sentia uma falta quase impossível de descrever. Era a falta de algo que o abrigo não podia dar: o amor de uma família. Sentia falta do calor de um abraço espontâneo, de alguém me chamar de filho, de um colo que fosse só meu. Era uma carência que não se explicava com palavras, era uma ausência que doía em silêncio, bem no fundo.

Mais tarde, lendo e ouvindo especialistas, entendi que esse sentimento era completamente normal. A psicóloga Glicia Brazil, em um depoimento ao Instituto Brasileiro de Direito de Família, explicou exatamente o que eu sentia sem conseguir traduzir. Ela disse que uma criança abrigada perde muito, e não é só o convívio familiar, é a raiz. Segundo ela, a falta de uma família gera um sentimento de não pertencimento que vai se espalhando pela vida daquela pessoa com o passar dos anos. É como crescer sem chão, sem ter base para se segurar frente aos desafios da vida. Sem referência. Sem saber direito onde se encaixa no mundo.

Ela explicou que essa ausência afeta tudo: o estímulo, o afeto, o abraço, o cuidado, o olhar de alguém que diz "eu te vejo, eu me importo com você". Nenhuma dessas coisas são oferecidas por uma instituição, por melhor que ela seja. A forma como essa criança vai se desenvolver lá na frente, como adulto, será reflexo direto dessa base ferida, dessa origem sem sustentação. Era exatamente isso. Era como se ela estivesse descrevendo não só a minha história, mas o vazio que muitos de nós sentimos e não conseguimos nomear.

Naquele tempo, eu não sabia dizer tudo isso. Eu só sabia que, mesmo rodeado de pessoas, eu sentia falta de algo essencial. Faltava amor. Faltava presença. E por mais que o abrigo tenha me dado estrutura, o que me sustentava de verdade era a esperança de um dia reencontrar esse tipo de amor. De um dia, quem sabe, voltar a pertencer.

O abrigo em si não era um lugar feio, pelo contrário. Era uma casa enorme, com jardim, espaço, janelas grandes. Fazia parte da Obra Social Dom Bosco, lá em Itaquera, que acolhia meninos e meninas desde bem pequenos até os 18 anos[3]. Mesmo sendo um lugar bonito, tinha uma sensação de prisão. Existiam muitas regras, muitas restrições, e eu, que sempre tinha sido mais solto e gostava de sair por aí, me sentia sem liberdade nenhuma. A gente não podia sair, não podia tomar decisões próprias, não podia fazer quase nada que nos desse a sensação de liberdade. Tínhamos comida, roupa, um teto. Mas não tínhamos autonomia. E isso, pra quem já tinha perdido tanta coisa, era mais uma perda.

Eu não queria estar ali. Nenhum de nós queria. Mas, no fundo, eu sabia que era a única opção que a gente tinha naquele momento. Depois de um tempo ali dentro, eu, o Antônio e a Suzana fomos morar com a nossa tia. A Sandra decidiu continuar no abrigo. Talvez porque ali, mesmo com todas as regras, ela se sentisse mais segura. Fazia esportes, tinha suas amigas, sua rotina. Talvez mudar de novo fosse, pra ela, mais difícil do que ficar e era melhor continuar com o que estava dando certo. O abrigo, de certa forma, oferecia uma estabilidade que a gente não tinha em casa.

Mesmo com tudo isso, eu sempre soube que minha mãe se importava. Às vezes do jeito dela, meio confuso, meio perdido.

---

3 https://salesianossp.org.br/ositaquera/?playlist=21c62af&video=09131b6

Mas sempre que ela aparecia, dava pra sentir que ela estava tentando, que queria saber se a gente estava bem. Mesmo se não pudesse fazer nada, mesmo se não conseguisse mudar a nossa realidade naquele momento, ela só queria ver a gente vivo, alimentado, seguro.

A escola, por outro lado, continuava sendo um lugar onde eu me sentia invisível. A sensação da Suzana que mencionei, sobre eles não saberem lidar comigo, era a pura verdade. Não por maldade, mas por despreparo. Eu era tratado como incapaz. Achavam que eu não ia conseguir aprender, então nem tentavam me ensinar de verdade. Não me davam as ferramentas, nem a paciência. Acabei crescendo analfabeto, mesmo indo pra aula todos os dias. Quando cheguei aos 12 anos ainda não sabia ler, nem sabia escrever. E isso me doía mais do que a cadeira de rodas.

Eu me lembro de sentar na sala de aula e ver todo mundo fazendo as tarefas, escrevendo, desenhando, e eu ali, brincando com aqueles brinquedos de encaixar como se eu não fosse capaz de nada além disso. E não era que eu não quisesse aprender. Eu queria. Eu sempre quis. Mas ninguém parava para tentar de verdade. Era como se eu já tivesse sido colocado numa caixinha: o menino deficiente, que não vai aprender, então deixa ele ali, ocupado, sem incomodar.

No abrigo, essa situação continuou. Eu ainda frequentava a mesma escola, ainda estava naquela mesma posição de ser ignorado. Eu era uma criança que tinha perdido os membros, sim. Mas também tinha perdido os pais, a casa, e a oportunidade de aprender para buscar outras fontes de consolo. Isso não significava que eu tinha perdido minha mente, minha curiosidade, minha vontade de aprender. Só que ninguém via isso. Ninguém perguntava. E aí, depois do abrigo, essa realidade ainda me acompanhava... até o dia em que, finalmente, alguém resolveu acreditar em mim. Mas isso é história pra daqui a pouco.

Era como se eu já tivesse sido colocado numa caixinha: o menino deficiente, que não vai aprender, então deixa ele ali, ocupado, sem incomodar.

Não deixa a vida engolir quem você é

Essa frase nunca saiu da minha cabeça, e nem foi algo que eu mesmo disse, foi minha irmã, Suzana, que aparece bastante por aqui. Um dia, ela falou algo que me marcou profundamente. Disse que, se parasse pra pensar com calma em todas as dificuldades que eu enfrento diariamente, ela não sabia se conseguiria segurar o choro. E que o que ela aprendia comigo não era uma lição que a gente aprende uma vez só. Era algo que se renovava todos os dias.

Viver ao lado de uma pessoa com deficiência, segundo ela, era conviver com um ensinamento constante sobre o que é amar de verdade. O que é cuidar, mesmo quando você está cansado, o que é zelar por alguém, mas também, o que é saber amar a vida e as pessoas, mesmo entendendo que você está em uma situação injusta, que não fez nada para merecer. Amar o próximo como a si mesmo... que, como ela mesma dizia, é um dos mandamentos mais difíceis de cumprir.

Ela conviveu comigo bem de perto. Foram anos e anos juntos, dividindo o mesmo teto, as mesmas tarefas, as dificuldades e os momentos de alegria. Ela sempre falava como não era fácil servir. Não era só me ajudar com uma tarefa do dia a dia, era servir com o coração. Em alguns dias ela simplesmente não queria me ajudar e isso jogava na cara dela que ela ainda precisava se desenvolver muito. Não por maldade. Mas por cansaço, por estar esgotada. E depois, isso a consumia por dentro. Ela se culpava, pensando: "Poxa, como fui egoísta, como fui burra naquele momento por não ter ajudado."

Assim como a minha mãe, a Suzana é uma pessoa cheia de fé. E também muito honesta sobre si mesma, com muita clareza das suas falhas. Ela contava que, com o tempo, foi entendendo como as pequenas atitudes têm um peso imenso quando a outra pessoa depende daquilo. Que servir de verdade não era sobre grandeza, mas sobre presença. Sobre não deixar o outro se sentir sozinho. E que, apesar de tudo, eu não me deixava consumir pela tristeza ou pelo que me faltava. Que eu sorria. Que eu seguia em frente. Que eu levantava todo dia e fazia as coisas do meu jeito, no meu tempo, mas sem parar.

> **Servir não é sobre grandeza, mas sobre presença. Sobre não deixar o outro se sentir sozinho.**

E aquilo fazia ela repensar a própria vida. "Como é que eu posso reclamar de levantar da cama pra trabalhar", ela dizia, "se o Daniel levanta todos os dias, enfrenta o mundo e ainda encontra motivo pra sorrir?" Para ela, eu me tornei um espelho. Um lembrete diário de que a vida não é sobre facilidade, mas sobre coragem. Sobre não se render. Sobre transformar as dores em força.

Eu concordo porque temos Jesus como exemplo de fé, de humildade, de superação. Ele foi perseguido, julgado, humilhado, morto... sem ter feito mal nenhum. Mas que ainda assim, deixou para nós uma mensagem de amor, de perdão, de ressurreição. Só que, na opinião dela, conviver com alguém de carne e osso, tão perto, tão real, que passa por lutas visíveis todos os dias, também tem um impacto profundo. Ter um exemplo de superação dentro de casa era diferente. Isso mexia com ela de um jeito que nenhuma teoria conseguia alcançar.

A Suzana dizia que eu a converti. Não religiosamente, mas como pessoa. Ela se tornou mais compassiva, mais caridosa, mais paciente. Eu fui um instrumento de transformação na vida dela. Um lembrete vivo de que, mesmo com dor, é possível viver com alegria. Mesmo com limitações, é possível viver com fé. Mesmo com dúvidas, é possível seguir com propósito.

A vida não é sobre facilidade, mas sobre coragem. Sobre não se render.

E aí, uma vez, ela me olhou nos olhos e disse: "Daniel, o que eu aprendo com você é que a felicidade é possível mesmo em meio às dificuldades. Que a gente está aqui para crescer, para amar, para se tornar melhor. Que não é sobre ter tudo fácil, é sobre não desistir mesmo quando parece impossível. E você é isso. Um exemplo disso."

Essas palavras dela... eu nunca esqueci. E hoje, quando olho pra trás e penso naqueles anos no abrigo, eu entendo que aquele tempo foi parte de uma preparação. O abrigo foi espera, foi dor, foi silêncio, foi uma entrega ao que Deus estava planejando para mim sem questionar e sem poder fazer nada sobre isso. Mas também foi um chão firme que me impediu de cair. Foi nesse lugar de incerteza que eu aprendi, mesmo sem perceber, a ser grato pelo pouco. A valorizar o que é simples: um banho quente, um dia de sol, um prato de comida, ir para um passeio. Ali, aprendi a não desistir de mim. Porque, mesmo quando tudo falta, o que você carrega por dentro pode ser a força que te move. Mesmo quando ninguém aposta, você pode acreditar. Mesmo quando parece que o mundo quer te engolir... você não precisa se deixar engolir junto.

É uma mensagem que eu quero que fique gravada na sua mente: não deixe a vida apagar quem você é. Mesmo se a espera é longa e sem um resultado previsível. Mesmo se exigir mais entrega do que você se sente preparado. Se o caminho for cheio de dúvidas, mantenha quem você é. Porque, se você seguir firme, o mundo ainda vai se surpreender com a luz que vem de dentro de você.

Aos 9 anos

Não deixe a vida apagar quem você é.

6

Tudo o que você quiser fazer, você pode

Depois de passar um tempo nos visitando no abrigo, minha tia Marlene, irmã do meu pai, entrou de vez na nossa história. Ela decidiu, junto ao meu pai, que precisava unir a família e começou a lutar pela nossa guarda na justiça. Na verdade, meu pai ainda não tinha condições, mas contava com a sua irmã para acolher seus filhos. A vida dela e do meu tio Luiz já era cheia de responsabilidades — tinham três filhas, uma casa movimentada, pouco tempo e muitos boletos — mas, mesmo assim, decidiram adotar mais três crianças: eu, o Antônio e a Suzana. Não era fácil para ninguém, mas ela fez o que precisava ser feito. E isso mudou o rumo da nossa vida.

Nossa tia sempre teve um coração muito bom. A Sandra, minha irmã mais velha, escolheu ficar no abrigo. Ela estava estudando, fazia ginástica olímpica, trabalhava, e lá tinha acesso a tudo que precisava. Segundo ela, era um lugar bom, com comida na hora certa, passeios, viagens... uma rotina estável, que talvez ela nunca tivesse vivido antes. Mas, para mim, ir morar com a tia Marlene foi um divisor de águas. Foi a primeira vez que alguém olhou para mim e viu mais do que uma criança com deficiência. Ela viu um potencial. E acreditou.

Lembro de um dia que ela pediu para eu escrever o número mil. E eu não sabia. "Mil e dez?", "Mil mil?", eu gaguejava, tentando adivinhar. Ela ficou chocada. Naquele instante, caiu a ficha: "Ele não sabe escrever. Ele é analfabeto." Eu já tinha 12 anos. Já devia estar lendo, escrevendo, resolvendo contas, mas ninguém tinha me ensinado. Na escola, me colocavam de lado. Eu era o aluno da cadeira de rodas, o que brincava enquanto os outros faziam prova. Mas minha tia decidiu que isso ia mudar.

Ela me matriculou numa escola regular, com os outros alunos. Nada de turma especial, nem sala adaptada. "Você vai aprender junto com todo mundo", ela disse. E foi atrás. Conversou com professores, pediu apoio, organizou tudo. Pela primeira vez, eu tive um plano. E, aos poucos, fui aprendendo a ler, escrever e entender o mundo. Carrego até hoje uma frase que ela me disse naquela época: "Daniel, você pode ser o que você quiser. Não importa o que os outros digam. Não importa o que falem de você." Foi a primeira vez que alguém me deu esse tipo de liberdade: a de acreditar em mim mesmo.

Aos 11 anos, com as tias da escola

Carrego até hoje uma frase que ela me disse naquela época: "Daniel, você pode ser o que você quiser. Não importa o que os outros digam. Não importa o que falem de você."

Claro que nem tudo foram flores. Ela nos acolheu e fez o possível para nos dar uma vida mais estável. A gente teve muitas brigas. Muitas diferenças. A convivência com as três filhas dela era complicada. E ainda tinha uma questão que sempre ficava no ar: ela guardava muito ressentimento da minha mãe.

Na cabeça da minha tia, a minha mãe foi a grande responsável por colocar meu pai no mundo das drogas. Claro, isso não é verdade, meu pai era um homem adulto, pai de cinco filhos e plenamente capaz de decidir o que fazer da própria vida. Minha mãe não tinha esse poder sobre ele. Mas vendo a minha relação com meus irmãos, eu entendo a minha tia. Eu imagino a dor que é ver um irmão passando por um problema com vício, e o quão difícil é assumir que essa pessoa que você ama tanto fez aquilo consigo mesma. Por conta desse ressentimento, ela nunca conseguiu perdoar a minha mãe completamente. Ela até ia nos visitar na casa da minha tia, mas bem pouco. Muito menos do que meu pai. A relação dela com minha tia era distante, quase vaga. Minha tia deixava, porque não queria que ficássemos completamente sem a minha mãe, ela deixava pensando em nós, mas não fazia questão de aproximação. As conversas entre as duas eram rasas, sem muita troca, sem abertura para reconstrução. Minha mãe nunca dormia lá. Ia, via a gente e logo voltava para onde quer que estivesse.

Minha tia não culpava apenas a minha mãe, no fundo culpava muito os dois por tudo o que a gente passou. E isso, às vezes, escapava nas palavras duras, nos silêncios gelados. Mas, apesar das dificuldades, eu sei que ela só queria ver a gente bem. Que o coração dela era grande, mesmo quando a boca era dura. Ela foi a mulher que acreditou na gente. A primeira que botou fé de verdade. E isso, por si só, já é um milagre na vida de uma criança como eu.

Meu pai, por outro lado, era mais emocional. Por estarmos na casa da sua irmã, ele nos visitava com mais frequência, demonstrava mais necessidade de estar por perto. Não importava como ele chegasse – muitas vezes estava sujo – eu queria ficar perto dele. Minha tia não permitia que ele nos visitasse alterado. Uma vez lembro de ele chegar tão sujo que minha tia só deixou que ele ficasse no sofá, e eu pedi para dormir com ele. Ela não queria, mas eu implorei. Ela, cansada, no fim deixou. E eu passei a noite ali com ele, abraçado, de tanta saudade que sentia.

Medos

Naquela época, eu tinha muito medo do futuro. Entender com a minha tia que eu estava para trás na educação também me assustou. Eu não sabia o que esperar, não tinha perspectiva. Queria trabalhar, fazer minhas coisas, ser alguém, mas não conseguia enxergar como. Eu estudava, me esforçava, mas não sentia que aprendia como os outros. Quando comecei a estudar de verdade, eu era o aluno médio que passava raspando. Nunca fui diagnosticado, mas hoje desconfio que talvez tivesse TDAH ou alguma dificuldade de aprendizagem. Às vezes, os professores tentavam me ajudar, mas nada fixava. Só depois, já mais velho, é que comecei a entender melhor as coisas.

No começo, eu sonhava alto. Pensava em ser bombeiro, policial... Mas, com o tempo, fui entendendo que não era tão simples assim. Comecei a me encher de dúvidas. Pensava: "Talvez eu não consiga. Talvez não exista mesmo um futuro pra mim." Era uma tristeza silenciosa, que ia se acumulando.

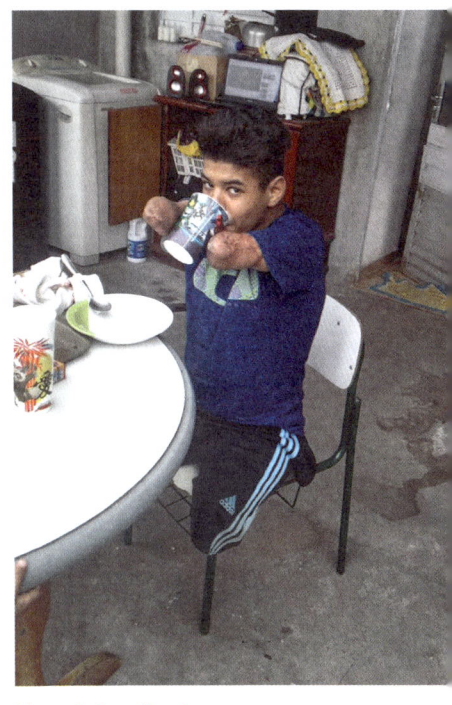

Na adolescência, sempre dando um jeito para ser cada vez mais independente

Minha tia fazia o que podia. Dava casa, comida, escola. Não tinha muito essa coisa de acolher emocionalmente, como alguns pais conseguem fazer. Eu sentia falta disso, de alguém que dissesse: "Tá tudo bem não saber agora. Vai dar certo lá na frente." Faltava alguém que me lembrasse que eu podia ter dúvidas sem me sentir perdido.

E talvez por tudo o que já tinha acontecido, eu me preocupava demais com os outros. Pensava demais na minha mãe, no meu pai, nos meus irmãos que estavam longe. Me doía saber que estavam passando dificuldades. Pensava tanto neles, que esquecia de mim. Esquecia de parar e me perguntar: "E eu? O que eu sinto? O que eu quero?"

Nessa mesma época, a Suzana voltou a morar com a gente. Ela e a Sandra também eram muito próximas, apesar de terem estilos completamente diferentes. A Sandra a visitava sempre, mas tinha um estilo mais solto, meio "vida louca", como a gente dizia. A mãe adotiva da Suzana não curtia muito isso, e um dia disse que não queria mais que a Sandra aparecesse. Suzana ficou confusa, mas aceitou. Até que um dia, Sandra chegou nela e disse: "Vamos pra casa da tia. Tá todo mundo lá." Era tudo o que a Suzana precisava ouvir. Mesmo feliz e amando a família que a acolheu, ela nunca deixou de pensar nos irmãos. Então ela foi. Disse que queria ficar comigo, que não ia me deixar.

Quando ela chegou, ainda estavam por lá o Antônio e o Rony Anderson. Mas logo um saiu, depois o outro. E, no fim, ficamos só eu e ela. E, por mais que fosse bom estarmos juntos, também era pesado. Porque ela me ajudava em tudo, cuidava de mim, da casa, estudava, limpava, fazia tudo. E tinha dias que ela só queria descansar. Mas mesmo cansada, ela me ajudava, como contei na conclusão do capítulo passado. Porque me amava. Porque sabia que, se fosse o contrário, ela também gostaria de receber ajuda.

Nossa tia, apesar de tudo, era pura bondade. Mas era uma pessoa difícil também. Em alguns momentos, quando se estressava (com razão, devo dizer) falava coisas que machucavam. A Suzana tentava aguentar. Dizia que não tinha outra escolha. Era jovem, não tinha pra onde ir, não tinha 18 anos. Só podia respirar fundo e continuar.

Até que um dia eu mesmo decidi ir embora. Cansado de conflitos e de saber que eu estava pesando na vida de alguém que já tinha feito muito por mim, e eu decidi sair de casa. O Antônio e o Rony estavam tentando arrumar um canto. Minha mãe dizia que estava tentando melhorar, e minha tia conseguiu para nós uma casa perto dela. Minha mãe foi pra lá, junto conosco. Mas ainda não estava bem, o vício seguia forte e ela ainda cometia deslizes, roubava coisas, chegou até a roubar um dinheiro meu do trabalho que estava guardado. Era uma casa cheia de brigas, instabilidade, confusão. Suzana ficou dividida: entre a segurança da casa da tia, e a casa do Rony, com o amor da nossa mãe e irmãos.

Ela tentou equilibrar tudo. Mas nada melhorava. A gente ainda tentava manter uma rotina, ir à escola, tocar a vida. Mas era difícil. Ela me deixou lá e voltou para a casa da tia. Vivíamos tentando sobreviver, tentando encontrar algum pedaço de paz.

Foi nessa época que ganhei meu primeiro skate da minha família. O que lembro é que a Sandra, naquele momento, já tinha sido adotada por uma família e seus irmãos adotivos eram skatistas. Quando veio nos visitar, trouxe um skate

Aos 14 anos, na formatura do Ensino Fundamental

para mim. Depois, a própria tia Marlene me deu outro. E aquele objeto pequeno virou uma parte de mim. O skate me ajudava a me locomover, me dava uma liberdade que eu só tinha sentido quando era muito pequeno, andando de bicicleta. O skate me devolveu a velocidade, o movimento e aquela sensação de que eu podia voar.

Uma vez o Zaka me falou algo que nunca esqueci: "Amorinha, quando for contar sobre o primeiro skate, diz que ganhou da família. Porque sempre vai ter alguém que se sente deixado de lado." Ele dizia isso não por mal, mas porque ele sabe o quanto cada pessoa que esteve comigo nesse processo queria ser parte da minha trajetória, e era mesmo. Lembro da Sandra me dando aquele skate com um sorriso que dizia "vai". Lembro da Marlene, minha tia, aparecendo com outro. E lembro da sensação: liberdade.

Sou muito grato à minha tia, porque também foi por causa dela que ganhei uma cadeira de rodas motorizada. E ainda por cima, novinha, o que parecia um sonho impossível. Foi ela quem conseguiu, quando foi na cara de pau falar com um deputado que estava em campanha no bairro. "Você consegue uma cadeira motorizada pro meu sobrinho?", ela perguntou, e insistiu. E ele conseguiu. Aquilo mudou minha vida. Pela primeira vez, eu podia ir e vir sozinho. Sem depender de ninguém. Me senti livre. Essa liberdade durou pouco. Um dia, desci pra pegar minha cadeira e ela não estava mais lá, mas isso é história para o próximo capítulo.

7
Fé é uma promessa

A fé sempre foi parte da minha vida, mesmo nos momentos em que tudo parecia desmoronar. Como contei, quando eu ainda era bem pequeno e morava com a minha mãe, ela fazia questão de levar todo mundo à igreja. Todo domingo, sem falta, lá estávamos nós. A igreja ajudava bastante a nossa família — e, mais do que isso, era uma base, uma referência de estabilidade num mundo que já começava a se mostrar difícil para nós desde cedo.

Durante os anos de abrigo isso começou a se perder. Lá eu não tinha mais como ir à igreja. Depois, quando fui morar com a minha tia Marlene, continuei afastado. Ela era católica e, por respeito, eu a acompanhava nas missas. Sempre respeitei todas as religiões e, para mim, estar na igreja com ela era uma forma de estar com Deus. Quando eu tinha a igreja da minha tia, eu ia, porque Deus estaria onde meu coração chamasse por ele.

Fiquei muito tempo na minha tia, dos 11 anos até ter uns 16, quando ela nos ajudou mais uma vez, conseguindo uma casa perto dela para mim, meus irmãos e até minha mãe. Nessa fase, eu vivi um retorno para a igreja da minha infância. Meu irmão mais velho, o Rony Anderson, era o tipo de pessoa que carregava o peso do mundo nas costas desde muito cedo. Ele saiu de casa ainda moleque, acho que com uns 15 anos, talvez menos. A convivência com a nossa mãe era difícil, ela era muito rígida, muito radical com a gente. Mas o Rony era o mais velho e não aceitava isso. Tinha suas vontades próprias e simplesmente saiu de casa. Ele foi viver uma vida dura, morou na rua, sem pai, sem a proteção da mãe, sem rumo. Se afastou da gente, e o pouco que a gente ouvia era que ele estava por aí, nas ocupações, enfrentando dificuldades, cercado de gente errada, tentando sobreviver como dava.

Por um tempo, ele até chegou a morar com a minha tia. Mas, como ele vinha de uma vida pesada, cheia de cicatrizes, acabou se desentendendo com ela também. Era fechado, na dele, meio estourado às vezes. E acabou indo morar sozinho. Mesmo assim, nunca deixou de trabalhar, de tentar se manter. Ele, por exemplo, nunca foi para o caminho das drogas como minha mãe. Ele se virava com muita luta diária. O mais bonito disso tudo é que, mesmo com todas as dores que ele carregava, o Rony tinha um desejo gigante de nos juntar de novo. Era como se o sonho dele fosse esse: ver os irmãos reunidos. E foi ele quem me levou de volta à igreja.

Saí da casa da minha tia para morar com ele, o Antônio, a Suzana e minha mãe foi junto. Aquele período me marcou muito. Porque ali eu percebi que a fé não era só um consolo — era um caminho.

Nossa família reunida na igreja, sempre com bom humor. Na foto: Suzana, eu, minha mãe, Antonio e Rony

Um jeito de viver com mais propósito. E ver o meu irmão, depois de tudo que ele passou, ser o instrumento disso foi uma das coisas mais fortes que já vivi. Ele me trouxe de volta pra algo que sempre foi meu. E, sem saber, me ajudou a me reconectar com quem eu sou.

Porque ali eu percebi que a fé não era só um consolo, era um caminho. Um jeito de viver com mais propósito.

Morei ali por pouco mais de um ano, mas o que mais incomodava nessa casa é que estávamos sempre em conflito. Lembro das brigas feias que tínhamos e não consigo sequer lembrar o motivo de tanta comoção. A ponto de a Suzana voltar a morar com a minha tia pouco tempo depois de se mudar para a nossa casa, algo que eu também fiz. Depois de alguns meses, decidimos ir para uma nova casa com os nossos irmãos.

A igreja, nesse momento, mostrou que era mais do que um apoio emocional; por ela conseguimos uma casa e pagar o começo da nossa vida ali. Foi uma virada importante. Porque a doutrina da nossa igreja não é só sobre fé, é sobre viver melhor. Ser autossuficiente. Ter dignidade. Conquistar as próprias coisas, com o apoio de Deus, mas sem depender da igreja ou de ninguém. E a base disso é a família. No começo, foi difícil, mas a gente pensava: "Se der errado, vai dar errado junto."

Eu levei comigo a cadeira de rodas motorizada que tinha ganhado graças à tia Marlene. Lembra da história do deputado? Depois que a minha tia conseguiu para mim aquela cadeira, a minha vida mudou e não só porque me deu mais autonomia, mas porque abriu um caminho completamente novo pra mim, de poder andar por aí e fazer mais coisas sem precisar de tanta ajuda. Mas como nem tudo são flores, a casa onde fomos morar tinha um escadão enorme, com uns vinte degraus, o único lugar que a cadeira motorizada não me ajudava a chegar. Todo dia eu precisava subir e descer aquela escada, descendo pulando e subindo sozinho. Tinha um corredorzinho bem estreito antes da escada, com um portãozinho, e era ali que a gente deixava minha cadeira. Ficava escondida, encostada do lado de fora, sem nenhuma proteção. Era meio arriscado, mas era o único jeito. A cadeira era muito pesada, ninguém conseguia ficar carregando para dentro e para fora todo dia.

Ficamos ali por três anos: eu, a Suzana, o Antônio, a Sandra e o Rony já morávamos juntos, a nossa convivência era boa, mas cheia de altos e baixos. Nossa mãe começou morando conosco, mas ela ia e voltava – entre idas e vindas, minha mãe chegou a morar por anos na Cracolândia. Às vezes ficava uma semana com a gente, parecia bem... mas logo voltava para as drogas. E, quando isso acontecia, vinha o pior: ela roubava a gente.

Lembro de uma vez em que eu tinha guardado uns 500 reais em casa. Como eu não tinha banco na época, deixava tudo em dinheiro vivo. Um dia, fui procurar e… cadê? O dinheiro tinha sumido. Não era só o dinheiro, ela levava tênis, roupas, o que pudesse. Roubava tudo. Só que, no fundo, era a nossa mãe. A gente aceitava porque queria ela por perto. Queríamos acreditar que um dia ela ia melhorar de vez. E, às vezes, realmente parecia que ia. Houve períodos em que ela ficava meses sem usar nada, principalmente quando estava em uma clínica de reabilitação. Chegou a ficar dois anos internada, longe da gente. Era estranho… A saudade batia forte, mas, ao mesmo tempo, a gente sabia que, quando ela voltasse, poderia cair de novo.

Muitas vezes, eu perguntava: "Mãe, você vai voltar hoje?" E ela respondia: "Não sei, meu filho… Vou tentar." E assim era a nossa vida: ela vinha, ficava um tempo bem, depois recaía, sumia de novo. Quando estava sóbria, ia para a igreja com a gente, tentava retomar a vida. Mas, em algum momento, sempre voltava para aquele ciclo.

E vem o skate criar uma nova família

Foi na época que morava com meus irmãos que comecei a me movimentar mais pela cidade com a cadeira motorizada, e também foi quando o skate começou a fazer parte da minha vida — ainda que eu não soubesse muito bem o que era aquilo. Pra mim, o skate era só mais uma maneira de me locomover. Um jeito diferente de ir de um lugar pro outro. Mas, como tudo na minha vida, uma coisa levou à outra.

No começo de 2019 meus irmãos me levaram um dia na pista de skate do Parque Chácara do Jockey, que tinha sido inaugurada, se não me engano, em 2016. Foi lá que, pela primeira vez, eu tive contato real com o mundo do skate. E foi também lá que conheci o Zaka. O nome do Zaka, que já é famoso neste livro, na verdade, não é Zakarias. Acauã Amaral é skatista há 25 anos, e tem uma loja de skate com escolinha há 9 anos, a Zaka Lifestyle.

Ao lado do meu grande irmão Zaka

E eu estava lá na pista com umas luvas de boxe, treinando luta e ele reparou – a gente pode dizer que é fácil reparar em mim treinando boxe, eu assumo. Só viu de longe e ficou na dele. Depois de tirar as luvas, eu fui pro skate. Aí ele conta que precisou falar comigo, já que o skate sempre foi também a paixão do Zaka. Ele me viu andando de skate por lá — com meu skate já muito usado e simples — e se aproximou. Começamos a conversar. Em pouco tempo, me contou que tinha uma loja de skate ali por perto e me chamou pra conhecer. Fui.

Na loja, ele me apresentou uma mini ramp, e me deu umas peças novas pro meu skate. A verdade é que eu não sabia nada sobre skate. Nem as partes das peças, nem o nome das manobras, nada. Mas o skate chegou de um jeito tão natural que, quando percebi, ele já fazia parte da minha rotina. A cadeira motorizada me dava liberdade, mas o skate começou a me dar algo ainda maior: velocidade. E o Zaka, ali do meu lado, virou um parceiro de vida. Um irmão.

Aquele primeiro encontro no Jockey foi o início de uma jornada que eu nem imaginava. Uma jornada de amizades e transformação. Mas nós não viramos amigos logo de cara. Na loja ele deu uma olhada no meu skate e me deu alguns acessórios para fazer um upgrade no meu equipamento. Ele me convidou para fazer aulas de skate com ele, eu me animei, a gente conversou, trocou ideia e cada um foi pro seu lado.

Pronto para os treinos de natação

A verdade é que fui para casa e esqueci, eu ainda não era tão ligado ao skate. Ainda não considerava o skate um esporte, na época fazia natação e estava treinando muito e indo bem, por incentivo do meu irmão. Antes disso, eu até fazia outras atividades. Alguns meses depois voltei na loja, já fazia um tempo que eu não aparecia por lá, mas assim que cheguei, encontrei o Zaka. Ele ficou felizão de me ver de novo e me deu um skate completo, totalmente novo, um incentivo tão grande que decidi aceitar a proposta de ter aulas de skate com ele.

Com o Zaka, comecei a entender de skate de verdade. Ele me mostrou como funcionavam as coisas, me colocou pra andar, pra tentar manobra. E mais do que isso: me tratou com igualdade. Me respeitava, não me olhava com dó, nem com diferença. Me enxergava como skatista. E isso fez toda a diferença. Eu me sentia em casa ali com eles. Saía com o pessoal, andava junto, pertencia. E o skate foi criando esse laço, e os primeiros amigos de verdade que eu tive – e o Zaka, meu primeiro amigo-irmão.

Sempre conversamos muito, e, numa dessas conversas, ele perguntou para mim, do nada, qual era o meu maior sonho de vida. Ele explicou melhor. Não era o que eu queria agora, nem o ano que vem... mas para a minha vida. O que você quer de verdade? E eu já tinha a resposta há muito tempo: meu sonho é ter a minha própria família. Ter minha esposa, meus filhos, minha casa. Eu quero construir isso. Porque minha família sempre passou por muitas dificuldades, sempre precisou lutar muito para viver, para ficar junta. Eu quero mudar isso.

O Zaka ficou em silêncio um tempo, depois disse:

— Isso dá para acontecer com o skate. Talvez uma marca te reconheça, te patrocine. Pode ser difícil, pouca gente chega nesse nível, mas é possível. Só que também tem outro caminho. Você pode trabalhar, conquistar sua grana, construir sua vida do seu jeito. E os dois caminhos podem se cruzar.

Foi numa dessas sessões de treino na loja que eu gravei uma manobra diferente e postei no Instagram da Zaka Lifestyle. O vídeo teve um alcance enorme. Depois disso, o Zaka fez uma sugestão:

— Daniel, vamos separar as coisas. Cria um Instagram só para skate. Deixa o seu pessoal separado, e vamos focar o novo só nas manobras, nas sessões, no seu desenvolvimento como skatista.

Topei na hora. Moldamos a minha conta para conseguir mais alcance, nada muito complexo, só focar mais o conteúdo, deixar mais profissional, e foi aí que surgiu meu apelido: Amorinha. Precisávamos dar um nome para a conta e, hoje em dia, a maioria dos @ já está ocupado. A partir do meu sobrenome, Amorim, chegamos em Amorinha, que eu vi que era algo que poderia pegar, além de ser uma conta fácil de encontrar. E começamos a alimentar a conta com conteúdo voltado só para skate. Foi aí que um dos vídeos viralizou de verdade, muita gente de dentro e de fora do Brasil começou a mandar mensagens, comentar, querer saber mais sobre mim. Eu fiquei tão feliz, que passei o dia inteiro respondendo essas mensagens. Copiava tudo pro Google Tradutor, lia, entendia, respondia em português, traduzia pro inglês e mandava de volta. Tudo sozinho, pelo celular.

O Zaka viu aquilo e me disse que eu tinha muita habilidade com tecnologia. Foi aí que ele me lançou outro desafio:

— Cria um e-mail e me manda um texto contando o que o skate significa na sua vida.

Eu escrevi com o coração. Foi um daqueles textos que saem de dentro, sabe? Falei da liberdade, da superação, da força que o skate me deu. Quando ele leu, falou:

— Pronto. Agora você vai cuidar da nossa loja online. Vai ter salário, vai ativar o e-commerce comigo, e depois do trabalho a gente vai para a pista.

E assim começou uma nova fase.

Eu ia para loja todos os dias, conferia estoque, criava banner, cadastrava produto, atendia cliente. Aprendi a rotina de um e-commerce na prática. E, ao mesmo tempo, continuava andando de skate, treinando em todo minuto que eu tivesse. Eu me adaptei rápido porque sempre tive muita familiaridade com computador. Meu tio teve uma lan house por muitos anos, então cresci ali no meio dos cabos e teclados. Quando o Zaka dizia que precisava de algo, eu já respondia:

— Deixa comigo, eu faço.

Nem sempre eu sabia fazer, mas eu sabia que ia aprender e no dia seguinte estaria pronto.

Nem sempre eu sabia fazer, mas eu sabia que ia aprender e no dia seguinte estaria pronto. Fiz banner, editei imagem, ajudei a montar a loja online inteira. Porque naquele momento eu entendi que aquilo era uma chance de crescer como profissional e como pessoa. E eu não queria deixar passar.

O que era para ser dor virou força

Em 2020, com a pandemia, inicialmente o parque do Jockey fechou. A vontade de me movimentar, de me testar, só crescia. Eu precisava dar um jeito de voltar para os treinos, mas ainda não era possível.

Justo nessa época de tanta descoberta, veio um dos dias mais difíceis. Lembra da cadeira de rodas motorizada? Aquela que tinha

Minha primeira visita a pista de Itapevi em 2020

ganhado graças à insistência da minha tia Marlene com um deputado? Ela era a minha liberdade. Pesada, robusta, e minha melhor companheira pra cruzar a cidade, ir até a loja, chegar na pista. Mas a minha casa, naquela época, não ajudava. Como contei no começo deste capítulo, era um sobradinho simples, com uma escadaria gigante logo na entrada. Sem quintal. A cadeira ficava em um corredor apertado atrás do portão, do lado de fora mesmo, sem proteção nenhuma. Não dava pra subir e descer ela todos os dias, era pesada demais, e a gente não tinha estrutura pra isso. Mas eu levava no bom humor, meio na resiliência. Era o que tinha para hoje.

Aí, um dia, desci as escadas como sempre e... nada. Minha cadeira não estava lá. Procurei, chamei os vizinhos, perguntei para todo mundo. Ninguém tinha visto nada. Foi quando caiu a ficha: tinham roubado minha cadeira. Levaram a minha autonomia, o que me dava liberdade de ir e vir, o que me fazia sentir independente. Naquele momento, eu poderia ter surtado. Mas não. Algo dentro de mim ficou em paz. Voltei para mim, para a minha fé em Deus e na vida e pensei: "Tá tudo bem. Eu tô vivo, tô com saúde, tenho minha família. A gente vai dar um jeito."

Liguei pro Zaka e ele se mobilizou. Gravamos um vídeo, fizemos uma vaquinha. Na época, eu só tinha 10 mil seguidores, e mesmo assim o vídeo viralizou. Muita gente compartilhou, torceu por mim, ajudou. Em pouquíssimo tempo, a gente conseguiu o valor para comprar outra cadeira, até mais. Foi como se o mundo inteiro dissesse: "A gente tá com você, Daniel".

Depois que a cadeira foi roubada, veio um período de espera. O dinheiro da vaquinha demorou para cair. A cadeira foi encomendada e levou quatro meses para chegar, porque não é um produto tão fácil assim, não existe pronta-entrega. E eu fiquei ali, sem ela, por quase quatro meses. Naquela fase, o mundo parecia que ia começar a sair da pandemia, as coisas começavam a voltar, menos pra mim. Eu, que adorava sair de casa para fazer qualquer coisa, esperava novamente. Mas sabia que ia dar certo. E, claro, comecei a me virar. Meu velho amigo, o skate, me ajudava novamente a andar pela cidade. Eu esperava o ônibus, e para subir entregava o skate para algum passageiro e ia pulando. Como eu disse, sempre consegui dar meu jeito para fazer as coisas, mesmo se fosse pular para dentro e para fora de um ônibus. Valia a pena o perrengue. Quando a nova cadeira chegou, eu gravei um vídeo. E falei com tudo o que havia no meu coração: "Isso aqui não é só uma cadeira. Isso aqui é sobre liberdade. Sobre fé. Sobre não desistir." Porque a vida é isso: cair, aprender e evoluir. E seguir. Sempre seguir.

Porque a vida é isso: cair, aprender e evoluir.

O skate, que tinha começado como uma tábua com rodinhas que me ajudava a me locomover, virou meu passaporte para um novo mundo. E o Zaka, mais que um amigo, virou um irmão. Me deu oportunidade, me abriu portas, me colocou em movimento, literal e figurativamente. E desde então, nunca mais parei.

As aventuras do começo

Desde o primeiro treino de skate meus olhos brilharam com a sensação de voar, correr, fazer coisas que pareciam impossíveis (não só para mim, mas para todo mundo!). Eu trabalhava na loja online durante a manhã, e treinava de skate à tarde, fazia vídeos, manobras, dava risadas. Era como se finalmente a vida tivesse ganhado uma direção. Eu estava feliz. Tinha um propósito.

Assim que foi possível, voltei pro trabalho na loja firme e forte, porque no meio do caos, ele me trouxe uma rotina estável. Entrava às nove da manhã todos os dias na loja. Foi assim por mais de um ano. Paralelo a isso, continuei postando conteúdo de skate. O perfil foi crescendo. A galera se conectava muito comigo. E aí veio outro vídeo, pulando uma escada, fazendo manobra de skate, que viralizou de novo. Cheguei a 50 mil seguidores e fiz um vídeo agradecendo. Em uma semana, ganhei mais 100 mil seguidores. De repente, eu estava com 150 mil pessoas me acompanhando. Foi surreal.

Passando de *frontside grind* no quarter do Jockey

Quando em 2021 aconteceu um novo lockdown não tivemos dúvidas: investimos com força total na loja online e passamos a treinar muito pelas ruas de São Paulo. O skate já estruturava toda a minha rotina e eu não conseguiria mais ficar em casa parado. E, claro, eu e o Zaka continuávamos nossas aventuras para fazer tudo dar certo em um momento de pura incerteza.

Nessa época, uma vez o Zaka levou um guarda-roupa para mim lá na minha casa. E no caminho, ele lembra que eu disse, meio rindo: — Zaka, aqui é meio perigoso. Não estranha se a gente ver algum corpo no chão. E ele, no maior bom humor, respondeu: — Não sendo o meu, tá tranquilo, Amorinha!

Outra vez, um pouco depois, ele precisava ir na minha casa resolver umas questões do trabalho e, sem querer, eu passei o endereço errado. Ele foi parar em umas ruas de terra, perto de um córrego e uns barracos. Quando ele me ligou, perdido, eu percebi o erro e pedi desculpas, mas ele já estava rindo da minha cara. Quando completei 17 anos, foi na Zaka Lifestyle que comemorei. No ano seguinte, com 18, a mesma coisa. Virou tradição. Todo ano, aniversário era lá na loja. Já o natal, eu passava com toda a família dele.

Foi o Zaka também quem gravou um vídeo meu descendo a escada gigante que ficava na frente da minha casa, já que naquela época só para sair de casa era um desafio. Essa escada aparece num vídeo que ele postou como resposta a um grupo de "humoristas" que tinham feito piada com a minha condição física em um podcast famoso. Como eu estava começando a ficar mais conhecido, também virava alvo de comentários na internet, e ele ficou indignado. Postou como nota de repúdio. E o vídeo viralizou. Virou notícia em vários lugares. Mais uma vez Deus provava seu plano para mim: o que era pra ser dor virou força.

O que era pra ser dor virou força.

Quando eu comecei a crescer na internet, os anunciantes e a imprensa começaram a aparecer. Gravei uma matéria para a Globo, fui contratado para um vídeo do SESC, entre outras propostas legais. O Zaka me ajudava a analisar essas propostas, e um dia me chamou pra conversar e falou:

Foto por Cesar Augusto Silva - Nollie Bigspin para o projeto Chama na Trick

— Amorinha, olha só... essa parte de skate tá começando a bater mais forte que a loja online. Acho que tá na hora de a gente segurar a loja um pouco e focar na sua carreira.

E foi isso que a gente fez. O valor que eu recebia para cuidar do e-commerce virou meu patrocínio. Meu "salário" agora vinha do skate: treinar, viajar, fazer mídia. E ali começou um novo ritmo: treinos mais sérios, mais focados, compromissos com marcas, gravações.

Foi mais uma virada na minha vida. Eu, que sempre quis trabalhar, que sempre quis fazer parte de algo, agora tinha um patrocínio, um perfil em ascensão e uma rotina que fazia sentido pra mim. Tudo isso graças à confiança que o Zaka teve em mim desde o começo. Ele viu o potencial, acreditou antes de todo mundo. E isso... isso eu nunca vou esquecer.

Um novo começo

Entre os gênios fortes da casa e as idas e vindas da minha mãe, depois de um tempo, o proprietário pediu o imóvel que eu morava com meus irmãos de volta. Meus irmãos tinham encontrado uma outra casa, mas em um terreno super acidentado, para mim, era impossível imaginar a cadeira lá. Foi nessa hora que eu e a Suzana decidimos sair para morar só os dois, e levar a Sandra e a minha sobrinha junto.

Quando decidimos morar só eu, Suzana e Sandra, a minha mãe já estava de volta na rua e a Sandra veio trazendo a Pandora. Alugamos uma casa e fomos nós três. Eu e Suzana combinamos de pagar as contas, foi um momento de juntar toda a nossa coragem que aquilo daria certo. E deu, claro, nossa convivência não era perfeita. A Suzana trabalhava tanto que, quando estava em casa, só queria dormir. Mas ela sempre dava um jeito de me ajudar, de estar comigo, mesmo cansada. Assim como a Sandra, mesmo com um bebê de colo. Eu sempre valorizei a parceria que nós conseguimos construir. E, dessa vez, foi de forma mais pacífica, porque, como todo mundo tinha fé, decidimos também pedir ajuda a Deus para tomar as decisões em casa.

Sandra, Suzana, eu e o nosso xodó: minha sobrinha Pandora

Mesmo com as dificuldades, a gente tentava manter a fé firme dentro de casa. Fazíamos a Noite Familiar — uma prática da igreja que é sagrada para mim até hoje. E a fé começou a nos colocar cada vez mais alinhados. Toda segunda-feira, nos reuníamos para conversar, dar um testemunho, compartilhar uma mensagem, cantar, orar. Era um momento só nosso, um respiro no meio do caos. E eu sempre puxava essa reunião. Insistia pra manter a paz, mesmo quando isso significava brigar com todo mundo pra fazer dar certo.

E funcionava. A vida me ensinou que quando você pede orientação de verdade, o Senhor responde. O problema é que a maioria das pessoas não pede e, quando pede, não tem paciência para escutar, para insistir, para seguir orando. E naquela casa a gente encontrava força na fé. Não foi fácil. Mas quando a gente se voltava para Deus e dizia: "Pai, se não for para ser, não deixa acontecer", algo mudava.

A vida me ensinou que quando você pede orientação de verdade, o Senhor responde.

A fé não tirou a dor, não fez dinheiro aparecer na conta, mas nos deu força e discernimento para aprender a viver. De acordo com a minha fé, quando estamos fortes na oração e nas escrituras, o Senhor mostra o que precisamos ver, sentir e entender. E essa relação com Deus... não tem como explicar. É coisa vivida. Acontece de forma tão íntima e verdadeira que não tem como duvidar. E eu sugiro para qualquer pessoa tentar buscar o seu jeito de falar com Deus.

E, de fato, todo domingo eu estou lá, na igreja de Jesus Cristo do Santo dos Últimos Dias. Porque, pra mim, é mais do que um compromisso, é uma escolha de vida. Minha fé me estrutura. É onde eu me reconecto, me fortaleço, me lembro de quem eu sou e do que eu acredito. A religião não é só um conjunto de regras para mim. É uma relação viva com Deus, construída no cotidiano. Na alegria, na tristeza, nas brigas em casa e nos silêncios do meu quarto. Por conta da fé, desde cedo, eu neguei a bebida. Neguei o cigarro. Não porque eu me achava melhor que ninguém, mas porque eu sabia, pelo exemplo dos meus pais, o quanto aquilo des-

Presença na igreja de Jesus Cristo dos Santos dos Últimos Dias com a minha família

truía. E também por ser um mandamento dentro da nossa igreja, com o qual sempre concordei. Eu vi de perto o que o vício pode fazer. E eu sabia que, se eu seguisse por aquele caminho, talvez não tivesse volta. Então, minha fé foi um escudo. Foi o que me manteve firme quando tudo parecia me puxar para o fundo.

A religião não é só um conjunto de regras para mim. É uma relação viva com Deus, construída no cotidiano.

O que mais me marcou nesse processo todo foi entender que, com Deus, eu nunca estive sozinho. Nem nos piores dias. Nem quando tudo ao meu redor estava ruindo. Eu tinha essa certeza dentro de mim: "Eu tô com Deus. Ele tá comigo." E isso mudava tudo. Tudo que eu pedia, Ele me respondia, não necessariamente do jeito que eu esperava, mas sempre com orientação. Às vezes era uma ideia, às vezes era um sentimento no peito, uma paz que vinha de repente. Eu sabia que era Ele. Eu sentia que não precisava enfrentar nada sozinho. E é assim até hoje. Ele continua comigo. E por isso eu continuo de pé.

Falo que precisamos de muita cabeça, muita fé e muita conversa, porque até hoje nossa família discute muito. Aqui em casa a gente é muito verdadeiro. Não tem isso de ficar engolindo coisa. Se alguém está enchendo o saco, a gente fala. Se está errado, ninguém passa pano. Se magoou, diz. E por isso a gente discute. Bastante até. Mas é engraçado, porque quando se passa um dia sem discussão, parece que ficou faltando alguma coisa. A gente até brinca: "Ué, hoje ninguém discutiu?" É a nossa forma meio torta de dizer que a gente se importa.

Com o skate, veio a minha independência e uma nova vida: uma casinha tranquila, uma carreira como atleta, e com essa nova vida vieram novos desafios. O jogo estava só começando.

8

Campeão

Quando o skate se tornou minha atividade principal, era como ter subido de fase no videogame. O meu nível como atleta precisava estar sempre avançando. A verdade é que a minha parceria com o Zaka me apresentou para uma vida dedicada ao skate, algo que eu não conhecia. Comecei a treinar mais e com mais foco, produzir ainda mais conteúdo para a internet.

Foto por Julio Detefon do momento em que o Zaka me deu velocidade extra na pista

Minha primeira competição de skate foi meio inesperada. Às vezes até esqueço dela, porque não foi nada oficial, mas hoje vejo que foi um marco. Aconteceu em uma mini ramp, aquelas pistas pequenas, de uns 80 centímetros ou um metro de altura. Eu estava bem no comecinho da minha jornada no skate, aprendendo tudo do zero, e essa mini ramp era o estilo de pista onde eu mais treinava.

A categoria paraskate nem existia ainda. Então, quando apareceu essa competição, eu entrei junto com a galera "normal", como costumam dizer, o pessoal que tem os dois braços e as duas pernas. Fiquei um pouco nervoso no começo, mas depois pensei: "Ah, quer saber? Vou andar por andar. Vai ser divertido." E foi.

No fim das contas, eu fiquei em terceiro lugar. Entre uns dez competidores. Só eu era paratleta. Foi uma surpresa para mim mesmo. Eu nem tinha expectativa, só queria andar, curtir, mas acabei subindo no pódio. E, cara, eu me envolvi de verdade, não tinha prêmio nem nada, mas para mim tinha muito valor, tanto que até hoje eu tenho a medalha guardada.

Claro, eu não dei tanta importância na época. Achei que era só mais uma experiência. Mas depois desse campeonato, continuei a seguir a rotina de treinos e conteúdos nas redes sociais. Fui participando de entrevistas e tinha a Zaka Lifestyle como patrocinadora e outras marcas apoiadoras. Eu ralava todos os dias, sem desistir e nem desacelerar, e fui ganhando reconhecimento até ser convidado para algo que parecia ser só um sonho: participar do STU. O STU é a sigla para Skate Total Urbe, o maior campeonato de skate do Brasil. Como eu disse: estávamos em outra fase do videogame.

O primeiro STU

A primeira vez que fui para o STU, em uma edição no Rio de Janeiro, foi uma das experiências mais marcantes da minha vida. O STU é tipo o mundial do skate brasileiro. Eu estava começando no mundo das competições e, para mim, aquilo era a realização de dois sonhos ao mesmo tempo: o de competir em alto nível e o de sair de São Paulo pela primeira vez na vida.

Participar do STU já era algo gigante por si só. Mas estar ali, no meio dos maiores skatistas do Brasil — e até do mundo — foi surreal. Eu lembro direitinho de estar na mesma pista que o Felipe Nunes, a Rayssa Leal, o Ivan Monteiro, o Og de Souza, Giovanni Vianna... nomes enormes, que eu só via pela internet.

Eu fiquei feliz demais. Mas, ao mesmo tempo, veio aquele nervosismo pesado. Eu estava lá com tanta gente boa, que eu admirava, e o mais louco é que, antes do STU, eu nunca tinha nem visto esses caras pessoalmente. Ver de perto, trocar ideia, sentir a vibe... foi muito especial. Foi como entrar num outro mundo e, de alguma forma, fazer parte dele.

O Zaka, como sempre, foi quem bancou tudo. Ele me explicou o que significava estar ali em termos de investimento para a minha carreira:

— Daniel, o STU é o maior campeonato nacional. É aqui que os skatistas se apresentam pro Brasil inteiro. Você vai. Eu sou seu patrocinador, vou pagar hotel, ida, volta, alimentação, tudo.

A gente foi de carro até o Rio de Janeiro, e eu nunca tinha ido tão longe. Fui eu, o Zaka, a esposa dele, o filho deles e minha irmã Suzana. A maioria dos vídeos desse campeonato foi ela quem gravou. Mesmo trabalhando muito, a Suzana sempre dava um jeito de estar por perto, de ajudar, de fortalecer. Éramos uma equipe improvisada: ela, o Zaka, os amigos. E, no meio disso tudo, eu entendi que o skate tinha virado mais do que um hobby. Era uma carreira. Um caminho.

E foi ali, naquele STU, que eu vi isso tomando forma. Lembro que era o fim da pandemia, então ainda tinha aquele clima de incerteza no ar. Ficamos em um hotel que, para mim, era chique demais. Tinha piscina, comida boa, e ainda por cima dava pra ver o mar. Eu, que nunca tinha tido uma vida com esse tipo de conforto, me senti em outro mundo. Conseguimos curtir bastante, mas eu não estava lá pra passear, estava lá para competir. E isso já me deixava tenso.

Dessa vez, a pista era enorme. Eu, que tinha treinado tanto em mini ramp, sentia a energia correndo pelo meu corpo todo vendo a pista do STU. O lugar era surreal. Cheio de gente famosa, e não só do skate. A Suzana ia me cutucando e me mostrando quem era quem: tinha atores famosos, uns humoristas conhecidos, vários nomes grandes ali. Eu olhava em volta e pensava: "Caramba, tô no meio disso tudo". E foi aí que caiu a ficha: eu não era só um espectador, eu estava ali como atleta. Era para competir. Era para mostrar quem eu era.

E, nesse momento, o nervosismo tomou conta de mim. Porque, além da pressão da competição em si, o fato de que o Zaka tinha bancado tudo me deixava com a consciência muito pesada. Eu, que sempre me virei sozinho, mesmo no simples, sentia o peso de estar vivendo aquela realidade. Hotel, transporte, alimentação... tudo saiu do bolso dele. E eu ficava pensando: "Mano, e se eu não render? E se eu não ficar entre os primeiros? E se todo esse investimento não valer a pena?".

Eu comecei a ficar muito nervoso. Pensava no quanto o Zaka tinha investido. E aí eu criei uma cobrança absurda dentro de mim: "Tenho que ficar em primeiro. Ou segundo. No mínimo em terceiro. Preciso fazer valer o investimento." Fiquei com medo de decepcionar. Pensava: "Se eu não for bem, ele nunca mais vai me levar. Nunca mais vou ter outra chance." Essa ansiedade começou a me atrapalhar.

No aquecimento, eu errava tudo. Não conseguia me concentrar nas manobras. Eu esquecia o que tinha planejado. E aí o Zaka percebeu. Ele me chamou de canto e falou com firmeza:

Foto por Pablo Vaz em aquecimento na etapa do STU Rio de Janeiro 2022

— Mano, me escuta. Larga o skate aí. Olha pra mim. Eu não te trouxe aqui para você ganhar. Eu te trouxe para você viver isso. Para curtir. Para se divertir. O skate é isso. Se vier vitória, é consequência. Mas o mais importante é você aproveitar. Você começou no skate com diversão, lembra? Então leva isso com você. Vai se divertir.

Aquilo me libertou. Eu estava me colocando em um pedestal imaginário, achando que precisava provar algo. Mas ali, naquela fala do Zaka, eu entendi que o verdadeiro valor do skate tá na essência. No rolê. No sorriso. No estilo. O que te faz ser reconhecido não é o pódio, é a verdade que você transmite quando anda de skate.

E, de fato, foi um campeonato importante. Não só pelo resultado — fiquei em quinto lugar entre oito paraatletas — mas pelo que ele representou. Foi um divisor de águas. Depois dali, parei de me cobrar tanto. Continuei me dedicando, claro, mas sem aquela neurose de performance. Voltei a andar com amor. A competir por vontade, não por obrigação. E foi demais. Ali eu entendi que estar em uma competição não era só sobre pódio. Era sobre estar ali. Sobre me ver como atleta. Sobre fazer parte.

Ganhar é a consequência do rolê

Em poucos anos, eu entendi o que era o skate de verdade. Porque o skate não me deu só um esporte, me deu uma amizade que eu nunca tinha tido. Na escola, eu praticamente não tinha amigos. Nunca tive um vínculo como o que criei com o Zaka e com os amigos do skate. O skate realmente me abraçou como uma família. E ali eu percebi que o skate é, acima de tudo, diversão. Não é só competição, como muita gente pensa. Hoje tem bastante gente no mundo do skate que leva isso para o lado competitivo, mas depois daquele dia no STU, eu entendi que skate de verdade não é sobre vencer, é sobre conexão. É sobre amizade.

Só de olhar para as Olimpíadas, dá pra ver: os caras estão competindo, mas também estão ali se apoiando, se falando, se ajudando. Isso me tocou muito. Esse clima de companheirismo me deixou mais tranquilo e me ajudou a desenvolver meu rolê. Mesmo ainda ficando nervoso nas competições, já era outro clima, outra mentalidade. O STU me deu essa experiência e me mostrou que o skate é mais que um esporte. É um estilo de vida.

Depois disso, as coisas foram acontecendo. Eu já tinha algumas marcas me apoiando, como uma marca de truck que acreditava em mim. Mas aí veio a Nescau. Quando o e-mail deles chegou, eu nem sabia por onde começar. Chamei o Zaka na hora: "Mano, me ajuda aqui, que eu não faço ideia de como responder isso." Tinha um monte de informação técnica, CNPJ, orçamento, um monte de exigência que a gente não sabia direito como lidar. O Zaka virou meu empresário e se jogou nessa empreitada comigo. A gente aprendeu junto, foi passo a passo.

As finais do STU, especialmente as do Rio e de São Paulo, são gigantes. São etapas que reúnem atletas de nível internacional. São os melhores dos melhores. Então, estar ali, participando, foi algo surreal.

Depois dessas etapas, a gente começou a viajar mais. Fomos para Recife, por exemplo. E eu nunca vou esquecer aquele dia. Acordamos cedo, treinamos de manhã e o Zaka virou para mim e falou: "Quer ir conhecer Porto de Galinhas?" Topei na hora. Pegamos um Uber e viajamos mais de uma hora. E o mais louco é que eu fui sem cadeira de rodas, só com o skate. Passei o dia todo assim, andando, conhecendo, curtindo o momento. Era uma liberdade diferente. Uma sensação de estar vivo de um jeito novo.

Foto por Julio Detefon em uma das etapas do STU Rio de Janeiro

O STU foi um divisor de águas. Não só pelo campeonato, mas porque foi ali que tudo começou a girar. O Zaka sempre brinca que eu dei um segundo emprego para ele. Ele já tinha a loja de skate, sempre trabalhou com vendas, mas nunca tinha pensado em cuidar da carreira de atleta de ninguém. Hoje, ele já tem até outros representados, mas fui o primeiro de todos. A gente começou a receber propostas de grandes marcas: Nescau, Google Brasil, Vivo, Club Social... E aí o Zaka foi entendendo esse novo mercado. Hoje, ele até abriu uma empresa só pra isso: a ZK Squad, de gestão de carreira. E eu fui o primeiro atleta da agência dele, por assim dizer.

Entre gigantes: meu lugar no STU

Ir pras competições me mostrou uma coisa poderosa: eu não estava sozinho. No começo, eu via umas coisas no Instagram, encontrava outros perfis de paraskatistas, mas foi quando comecei a competir que entendi de verdade. Eu, que achava que era o único no mundo com a minha deficiência andando de skate, descobri que tinha mais gente. Não igual a mim, porque, sem as pernas totalmente, andando profissionalmente, eu ainda sou o único. Mas tinha outros. E isso me deu força.

E foi em um STU que eu conheci o OG de Souza, que eu já admirava imensamente pelas redes sociais. Ele é o pioneiro do paraskate no Brasil, tem as pernas atrofiadas e anda desde os anos 1980! Foi o primeiro paratleta a competir fora do país, a levar o nome do Brasil para a Europa, os Estados Unidos. A gente chama ele de "pai do paraskate". Uma referência. Uma lenda. E, o mais incrível, é o quanto ele é humilde, trocar ideia com um gigante na maior simplicidade me ensinou muito mais do que eu conseguiria colocar em palavras aqui para você. Assim como o Felipe Nunes, que hoje é o maior nome do paraskate mundial. Esses caras me inspiram demais, e estão sempre abertos para dar um conselho,

Foto por Julio Detefon do meu primeiro pódio alcançado no STU, junto aos meus amigos do paraskate Italo Romano e Tony Alves

para conhecer quem está chegando agora. Hoje, posso dizer com orgulho que tenho amizade com eles. Troco ideia, aprendo, cresço com cada conversa.

As vivências no STU sempre me ensinaram que o skate é muito mais que competição. É família. É crescimento. É cultura. É liberdade. E é isso que eu levo comigo, a cada manobra, a cada campeonato, a cada conversa com quem me inspirou. Porque eu tô nesse rolê pra viver, e viver de verdade.

Claro, no começo, eu ainda me preocupava com o que os outros iam achar de mim. Ficava muito afetado pela plateia. Ainda mais com aquele tanto de gente torcendo, olhando, vibrando. Aí o coração batia mais forte, eu travava, ficava aéreo. Mas fui aprendendo. Entendi que o skate não é sobre se provar. É sobre ser. Ser quem eu sou, com verdade. E isso vale mais que qualquer medalha. Comecei a focar mais no skate do que na galera. Se eu olho para a pista e esqueço que tem mil pessoas me vendo, eu ando melhor. Fico mais tranquilo.

Um momento marcante pra mim foi quando entrei na pista do SLS — Super Crown, um dos maiores campeonatos de skate do mundo. A pista era gigantesca, dentro de um ginásio lotado. Eu nem ia competir, só dar uma voltinha. Mas pensa: você entra ali, só pra aquecer, e o ginásio inteiro levanta, vibra, grita por você. Aquilo me marcou demais. Eu nem sabia que ia rolar, mas o pessoal abriu a pista para mim e eu fui. Muita gente que tá no skate há anos nunca nem pisou naquele chão. E eu estava lá.

Foi ali que eu entendi: se eu focar só no skate, no que tô fazendo, o nervosismo vai embora. Olha para o shape. Faz a linha. Vive o momento. Desde então, levo isso comigo: foco na pista, no rolê, no presente. Por muito tempo, eu ficava muito nervoso em ambien-

Foto por Pablo Vaz em volta de competição na etapa do STU Porto Seguro 2024

te de competição. Nervoso mesmo, de travar. E o Zaka, no papel de treinador, foi sacando isso aos poucos. Ele começou a entender que, comigo, a pressão não funcionava. Não era ela que me dava garra, era justamente ela que me bloqueava.

Uma vez, antes de um campeonato, ele chegou e falou assim: "Não anda essa semana pra se preservar, não corre risco de se machucar. Já temos passagem comprada, hotel reservado, não podemos contar com imprevistos." Eu escutei aquilo e já fiquei tenso: "Mano, eu nunca me machuco, assim você me deixa nervoso!", eu respondi.

Aos poucos, ele foi percebendo como lidar melhor comigo, mudando o jeito de falar, de sugerir. Tudo para que eu me sentisse mais solto. Lembro que uma vez falei para ele que meu sonho era pegar um pódio. Falei com brilho no olho, todo empolgado. E ele, mais pé no chão, respondeu: "Vamos com calma. Pódio é difícil, porque no paraskate a gente não compete por tipo de deficiência. E quem não tem as pernas mas tem os braços geralmente leva vantagem nas manobras." Na hora, pra ser sincero, pareceu um banho de água fria. Parecia que ele estava duvidando de mim. Mas depois eu entendi que ele não queria me botar pressão, não queria despertar aquele nervosismo que já sabia que podia me derrubar.

E aí chegou a Super Final do STU, a última etapa do ano, em São Paulo, nossa casa. Só os rankeados do ano competem, então era uma parada séria. Como era aqui em São Paulo, conseguimos fazer uma preparação intensa. Eu treinava muitas horas, todos os dias sem parar. Normalmente, quando as etapas são fora da cidade, a gente só chega dois dias antes. Dessa vez, treinamos cinco dias direto. Criamos uma linha muito boa, focamos nela. Todo dia, a mesma linha, na repetição. Tava afiado.

Foto por Julio Detefon durante a minha volta de competição na etapa STU Super Finals São Paulo 2024

Até ali, minha média era ficar da quinta colocação para baixo. Aí, no dia da competição, o Zaka virou para mim e falou: "E aí, vamos buscar uma quarta colocação hoje?" Não foi aquela cobrança de 'você tem que vencer', foi só uma provocação leve, do tipo: "Acho que dá, hein?"

Aí começou. Primeira volta: eu entro na pista, mando a linha certinha. Foram três voltas, e terminei a competição em terceiro lugar. Meu primeiro pódio. Foi um momento inesquecível. E tudo isso aconteceu porque ele soube encontrar o jeito certo de me motivar. Sem pressão, com leveza. Porque comigo, a motivação vem é de dentro e não de cobrança.

Foi meu primeiro pódio em quatro anos competindo e me dedicando. Não foi o primeiro lugar, ainda, mas foi um marco. Uma conquista real. Um sinal de que a dedicação, o amor, o esforço... tudo estava dando frutos. Tudo isso me ensinou que o skate é mais do que competição. É sobre presença. É sobre estar no rolê, viver a pista, dividir momentos. O nervosismo existe, claro. Em qualquer lugar. Mas aprendi a olhar pra ele e dizer: "Hoje não." Focar no que eu vim fazer e deixar a cobrança de lado.

O importante é ser verdadeiro

Entre treino, competição e conteúdo, já se passaram quase seis anos. E o tempo todo eu sempre cuidei muito do meu perfil nas redes sociais. Quem me segue no Instagram sabe, é correria, mas também muita atenção para a galera que me fortalece. E depois de muito tempo na correria, postando conteúdo, treinando, insistindo, meu perfil começou a dar certo. Teve um vídeo que realmente

Foto por Thiago da Luz em momento de comemoração com meus amigos do paraskate no meu primeiro pódio do STU 2024

explodiu: meu primeiro milhão. Na verdade, antes disso já tinham rolado uns vídeos com bastante visualização, mas o que bombou mesmo foi um que eu mandei pulando uma escadinha com um *nollie big spin*.[4] O vídeo bateu sete milhões de visualizações.

SETE MILHÕES.

Foi ali que o Zaka olhou pra mim e falou:

— É isso. Agora vai.

E não deu outra. Pouco tempo depois, a Nescau apareceu. Me viram, entraram em contato, e me chamaram para um trabalho na Liga Esportiva Nescau. Eu fiquei em choque. Era o meu primeiro trabalho grande.

Mas, para ser justo, meu primeiro trabalho mesmo foi com o Sesc. Foi antes da Nescau. Eu ainda estava começando a entender esse mundo todo, de contrato, de verba, de proposta. Na época, eu não entendia nada disso. E o Zaka já vinha me orientando antes mesmo de tudo explodir. Ele sempre acreditou que eu ia crescer, que ia virar. Falava:

— Mano, você tá subindo. A hora vai chegar. Vamos preparar tudo direitinho.

E chegou. Depois desse primeiro trampo com o Sesc, veio a Nescau, me chamando para fazer parte da Liga Esportiva. Foi muito especial. Foi por causa de um convite deles que fui para o Rio de Janeiro acompanhar o SLS, o maior campeonato de skate do mundo, e que realizei meu sonho de viajar de avião.

Nos campeonatos, embora outras marcas estivessem aparecendo aos poucos, era o Zaka que era meu patrocinador real, fixo. Era quem me pagava um valor mensal, quem sustentava a estrutura para que eu pudesse andar de skate e sonhar mais alto.

---

4 Para quem ficou curioso, o vídeo está aqui: https://www.instagram.com/reel/ChALOCEDd6U/?igsh=YXhhMGxkdnAybGc4

Comecei a ir para eventos, ações, gravações. A grana começou a entrar de forma mais estável. E teve um momento que eu nunca esqueço. Depois de um tempo desse trabalho com a Nescau, de repente, o celular do Zaka toca. Era o diretor de marketing de lá. Ele disse:

— Zaka, a gente tá com uma ideia aqui... Queremos convidar o Amorinha para ser embaixador da Nescau no ano que vem. O que você acha?

O Zaka me contou depois que, na hora, ele segurou o grito no restaurante. Falou para o cara:

— Deixa eu conversar com ele primeiro, mas acho que faz todo sentido.

E foi assim que eu entrei de vez. A Nescau me chamou para ser embaixador oficial. Algo que eu jamais imaginaria lá atrás, quando era criança e tomava Nescau com água, porque vinha na cesta básica e minha família não tinha dinheiro para leite. E mesmo assim, para mim, aquele Nescau que a minha mãe fazia só na água era a coisa mais gostosa do mundo. E naquele momento, eu seria embaixador dessa marca que sempre curti.

Cada parceria é uma história especial, e a Ultracon — a minha segunda patrocinadora — também foi uma jornada muito bonita. O Paulo Morales, um dos sócios da Ultracon, é aluno da Zaka Lifestyle já faz uns cinco anos. E nesse tempo todo, a amizade entre ele e o Zaka acabou falando mais alto do que qualquer coisa comercial. O Paulo sempre me acompanhava pela loja, ouvia minhas histórias, ficava por dentro dos campeonatos, das viagens... Teve uma vez que ele perguntou pro Zaka como a gente fazia pra levar minha cadeira de rodas motorizada nas viagens, porque ela é pesada, difícil de manusear e, pra piorar, é cheia de burocracia para entrar em avião por causa das baterias. Sem falar que colocar em um carro comum, então, é quase impossível.

Apresentação para o SESC Verão unidade Pinheiros em São Paulo

O Zaka explicou pra ele que, nessas ocasiões, a gente alugava uma cadeira manual, que era mais fácil para transportar. Depois disso, o Paulo teve uma atitude muito generosa: ele pediu pro Zaka escolher uma cadeira manual de boa qualidade, que fosse prática de carregar, e me deu de presente. E o mais legal é que ele fez questão de me entregar pessoalmente.

Pouco tempo depois, o Paulo conversou com o pai dele, o Antônio Morales, que também é sócio da Ultracon, e eles decidiram que queriam me ajudar ainda mais, oferecendo um valor mensal para apoiar nas minhas despesas pessoais. Quando o Zaka me contou, ele disse que ficou admirado com a atitude deles. Só que, em vez de aceitar essa ajuda como doação, a gente teve a ideia de transformar isso em trabalho. Assim nasceu a parceria: a Ultracon virou minha patrocinadora, e eu passei a representar a empresa nos campeonatos, nas redes sociais, dando palestras para os funcionários e fazendo algumas visitas pontuais para interagir com a equipe. Essa parceria foi anunciada em dezembro de 2023. E, graças ao patrocínio da Ultracon, eu pude ampliar muito minhas participações nas etapas dos campeonatos, abrindo portas que até então pareciam bem distantes.

Inclusão de verdade não tem manual

Toda vez que digo para o Zaka que conhecer ele mudou a minha vida, ele rebate dizendo que na verdade é o contrário. Primeiro porque a partir de mim, ele passou a ter uma empresa de gestão de carreira de outros atletas; tudo começou com ele me dando um emprego, e no fim, encontrou esse novo caminho. E segundo, porque ele conta que comigo aprendeu realmente o que é inclusão.

Uma das coisas mais importantes que o Zaka aprendeu comigo — e que eu também fui compreendendo melhor com o tempo — foi o verdadeiro significado de inclusão. Não estou falando daquela inclusão superficial, cheia de frases prontas, ou de simplesmente mandar instalar uma rampa ou um elevador em algum lugar. Mas a inclusão de verdade, que é vivida no dia a dia, na prática, com respeito e sensibilidade. No começo, o Zaka tinha um cuidado excessivo comigo. Ele queria tanto ajudar que, às vezes, acabava me atrapalhando. E isso acontece muito com quem é PCD: o excesso de zelo vira limitação.

Lembro de uma vez na loja, quando ele chegou com fardos de refrigerante que tinha comprado de moto. Eu estava trabalhando no e-commerce, pulei da cadeira e me ofereci para ajudar a carregar. Ele recusou, achando que estava poupando esforço. Fiquei irritado, mas guardei para mim. No dia seguinte, a mesma cena se repetiu, mas dessa vez ele me chamou para ajudar. Ali ele começou a entender: inclusão não é sobre evitar esforço, é sobre permitir participação.

Inclusão não é sobre evitar esforço, é sobre permitir participação.

Houve outra situação ainda mais marcante. Durante a segunda parada da pandemia, o Zaka decidiu que a equipe deveria reformar a loja, já que tudo estava parado. Pintar, organizar, limpar.

Cheguei empolgado, pedindo um pincel para ajudar, mas ele, de novo querendo me poupar (e, na prática, conseguindo me irritar), me direcionou para o computador. Disse que era melhor eu cuidar do e-commerce. Fui, mas fui contrariado. Não queria só trabalhar. Queria estar com todo mundo. Ele percebeu. Minutos depois, apareceu com um pote de tinta e um pincel. Me chamou para participar da pintura. Pulei da cadeira com um sorriso no rosto. Comecei a pintar com o braço e, nos cantos mais difíceis, usei a boca para segurar o pincel. Fiquei todo sujo de tinta, e a galera riu junto. Foi um momento leve, verdadeiro, em que eu me senti, de fato, parte daquilo tudo.

A partir daí, as coisas começaram a fluir com mais naturalidade. A gente aprendeu a funcionar em sintonia, e ele começou a ver com os próprios olhos que eu não era tão frágil assim. Numa viagem para Recife, por exemplo, o voo atrasou e ganhamos um voucher para lanchar. Faltava uma informação no ticket e o Zaka já tinha andado uns 300 metros com a cadeira manual carregada de malas. Em vez de voltar comigo, ele simplesmente me pediu para resolver a situação sozinho. Eu estava de skate, fui até o balcão, peguei o que precisava e voltei. Em outro momento, estávamos caminhando para chegar na loja quando começou a chover forte. Ele correu para a calçada coberta, e eu fiquei para trás com a cadeira. Gritei que ele estava me abandonando. Ele só respondeu que não adiantava molhar os dois. Melhor molhar só um! Só me restava acelerar a cadeira e ir junto. Aquilo, para mim, era sinal de que ele me via como igual. Como alguém capaz de se virar, como qualquer outra pessoa.

As situações inusitadas são muitas, porque ao longo da vida eu fui aprendendo a me movimentar e a saltar dos lugares, fazer as coisas do meu jeito ou elas nem seriam feitas. Em aeroportos, quando pulo da cadeira para ir para a minha poltrona, os funcionários acham que estou caindo. Teve uma vez que o pessoal quase mergulhou para me segurar. Também não gosto daqueles equipamentos especiais que prendem a gente em cadeiras para subir escadas no avião. Prefiro ir no meu ritmo, subindo do meu jeito. O Zaka, uma vez, insistiu pra eu usar. Fui contrariado e fiquei nervoso. Depois disso, ele entendeu que, se não é necessário, não precisa intervir.

Nós temos uma liberdade muito grande um com o outro. Outro dia ele sentou na minha cadeira no meio da rua e fingiu que ia me atropelar. Eu saí pulando pela rua e ele veio atrás, rindo, como se fosse uma perseguição. As pessoas em volta ficaram chocadas, mas para gente aquilo era só mais uma brincadeira entre amigos. E talvez seja isso o mais importante quando você pensa em inclusão: a liberdade de rir junto, de cuidar sem sufocar, de respeitar sem limitar. De fazer parte da vida um do outro com leveza, verdade e parceria.

Essa liberdade que a gente construiu, de brincar, conversar e ser quem somos, é o que eu chamo de inclusão de verdade. Não é sobre me tratar com cuidado excessivo, mas com humanidade. E isso, mais do que qualquer outra coisa, me faz sentir respeitado. Me faz sentir vivo.

Inclusão é a liberdade de rir junto, de cuidar sem sufocar, de respeitar sem limitar.

9

A vida hoje

Com a minha carreira no skate prosperando e a nossa casa em paz – o tanto de paz que conseguimos ter na família Amorim –, a vida de cada um de nós ia tomando forma de acordo com os planos de Deus. Depois da tempestade, não veio a bonança. Mas veio algo ainda melhor: a construção da vida que sempre sonhamos.

Hoje eu olho para trás e vejo que realizei sonhos que pareciam impossíveis: como pular de paraquedas, viajar, ter uma casa confortável, oferecer isso para minhas irmãs. O Zaka sempre me alertou: viver de skate no Brasil é difícil. É para poucos. E eu confesso que, no começo, achei que não ia conseguir. Fiquei preocupado. Mas ao mesmo tempo pen-

Comemorando no restaurante o meu primeiro pódio no STU Super Finals no fim de 2024

sei: se não for com skate, vou arrumar outro jeito de viver, trabalhar com alguma coisa, dar um jeito. Quando o skate me levou para fora de São Paulo pela primeira vez, eu senti que uma chave virou dentro de mim. Eu pensei: "Isso aqui é real. Tô começando a viver do skate."

Depois da Nescau, outras marcas chegaram. Clube Social, Vivo, Google Brasil, Universal Music... e aí a carreira deslanchou. Tudo começou ali, com a gente aprendendo junto, batendo cabeça, montando orçamento, lidando com contrato... E agora é rotina.

Minha vida deu um giro total. Saí da casa dos meus irmãos, aluguei minha própria casa. Depois, por ironia da vida, eles acabaram vindo morar comigo. A casa era bem melhor, mais espaçosa, e tudo isso graças ao skate e às portas que ele me abriu. Hoje em dia, consigo ajudar minha mãe, dar uma vida mais tranquila pra ela. Consegui comprar meu PC gamer, que era um sonho antigo. Tanta coisa mudou que às vezes nem acredito.

O Zaka vive dizendo para eu ficar com os pés no chão, que no skate nunca se sabe o que esperar e que, além de ser um mercado instável, é uma profissão com uma data de validade. E com razão. Eu me arrisco muito, gosto de testar os limites; e assumo, sou teimoso. Não gosto de usar capacete, e isso já me deu dor de cabeça, literalmente. Em Porto Seguro, por exemplo, bati a cabeça e desmaiei. Quando acordei, nem lembrava quantos anos eu tinha. O Zaka ficou desesperado, achou que eu tinha "zoado o HD", como ele diz. Mas mesmo assim, no dia seguinte, lá estávamos nós de novo na pista. Ele até tentou me convencer a usar o capacete, e eu até botei. Dois minutos depois, já tirei. Não consigo andar com aquilo. Ele sempre fala que o skate é um esporte de muito impacto, e que ele não sabe até quando meu corpo vai aguentar.

Ligeiro, como sempre, o Zaka me mostrou que eu tinha esse dom de contar a minha história para as pessoas. Para mostrar algumas coisas sobre fé, alegria, perseverança. Hoje eu já sou convidado para palestrar em diversos lugares, instituições, empresas. Ele vê esse movimento acontecendo e diz que o sonho dele é me ver dando uma palestra para mil pessoas. Eu não duvido, talvez meu futuro seja assim: em um dia estou palestrando no mundo corporativo, motivando a galera com minha história, no outro, estou no Vale do Anhangabaú, todo sujo, ralando no chão, mandando manobra.

Hoje em dia a rotina também ficou mais puxada. Tenho responsabilidades na loja do Zaka, continuo treinando skate todos os dias, participo de projetos, gravo podcast, rolam viagens e competições o ano todo. Já ganhei vários títulos, como "Inspiração do ano" pelo

Troféu de Inspiração do Ano pelo STU Awards 2023

STU Awards e "Contra todas as probabilidades" pelo SLS Trick of The Year, que é internacional. Também estou mergulhando nesse novo foco agora: as palestras. O skate tem prazo, né? É um esporte de impacto, e com o tempo o corpo sente. Então estou investindo na minha história para inspirar outras pessoas.

Hoje eu sei meu propósito real: mostrar para as pessoas que é possível transformar dor em força. Que é possível curtir a vida, mesmo tendo que ralar muito. Não é fácil, nunca foi para ser fácil. Viver é trabalhar, é superar, mas também é amar, é saber que existe uma beleza imensa na criação divina. Cada dia de sol renova as nossas esperanças, cada chuva nos faz respirar mais leve, tudo, absolutamente tudo o que existe, existe para o bem. E eu quero passar essa mensagem para quanta gente conseguir.

É possível transformar dor em força.

Recebo mensagens até hoje de gente dizendo que desistiu de tirar a própria vida depois de assistir um vídeo meu. Gente que deixou de lado a ansiedade, que se motivou com uma simples imagem minha no skate. E é isso que me move. Não é só manobra. Não é só visual. É sobre ajudar as pessoas a viverem melhor, enxergarem esperança.

Porque eu amo os dois lados. Amo o underground, o rolê de rua, o jeito maloqueiro de viver. Mas também amo inspirar, transformar dor em exemplo. A vaidade dos holofotes não me atrai tanto quanto a verdade de quem me acompanha. Meu estilo é simples, mas com algo extraordinário dentro. E isso, pra mim, é o verdadeiro sentido de estar vivo.

Família é mais do que um laço de sangue

Falei tanto da minha família porque sinto que minha história não é só minha. É minha, dos meus pais, dos meus irmãos, da minha tia, de tantas coisas que nós vivemos juntos em tão pouco tempo de vida. Tem uma filosofia africana que me tocou muito quando conheci: chama-se *ubuntu*. Vem dos povos de língua bantu e significa algo que carrego comigo até hoje: "eu sou porque nós somos". É uma forma de ver o mundo que bate direto no coração. Porque é sobre entender que a gente não vive sozinho. Que tudo que a gente é, tudo que a gente constrói, vem da força do coletivo. Pra mim, isso tem tudo a ver com o que eu vivo. Eu sou porque meus irmãos são. Porque minha mãe é. Porque meus amigos caminham comigo. Essa ideia de que todos somos uma grande família — não só os humanos, mas todos os seres, tudo que existe — me faz lembrar que meu caminho só faz sentido se eu tiver com quem caminhar.[5]

"Eu sou porque nós somos."

---
5 https://www.ihuonline.unisinos.br/media/pdf/IHUOnlineEdicao353.pdf

Quando eu, a Sandra e a Suzana decidimos morar juntos, as coisas estavam meio caóticas, mas a gente queria fazer dar certo. Nessa época, a Sandra tinha a bebezinha dela, a nossa sobrinha, a Pandorinha. E a gente amava aquela bebê de um jeito, que ela também foi uma cola que uniu mais a nossa família.

Falei muito da Suzana, mas a Sandra também é uma base na minha vida. Nas idas e vindas da vida, o vínculo com a minha irmã Sandra nunca se desfez. A gente pode até ter se afastado em alguns momentos, mas o coração continuava conectado, sempre. Hoje faz três anos que ela mora comigo de novo. E, pra mim, não tem dúvida: o que a gente tem é laço de alma, desses que não importa o tempo ou a distância.

A Sandra passou por muita coisa pesada. Passou por um relacionamento muito difícil e todas as vezes que precisava de um colo, um lugar para esfriar a cabeça, eu tentei ser o porto seguro dela. Sempre que ela caía, eu dizia: "Vem pra cá, vamos dar um jeito." E foi assim da última vez também. Ela tinha acabado de ter a Pandora, nossa sobrinha, que só tinha oito dias de vida. Oito dias. Ela chegou com a bebê no colo, magoada, cansada, quebrada por dentro. E eu olhei para ela e disse: "Fica com a gente. Eu vou te ajudar. Vai dar tudo certo." Eu sempre quis protegê-la do mesmo jeito que um dia ela me protegeu.

A casa virou lar de novo. Eu não deixo faltar nada para Pandora. Faço questão. Ela é

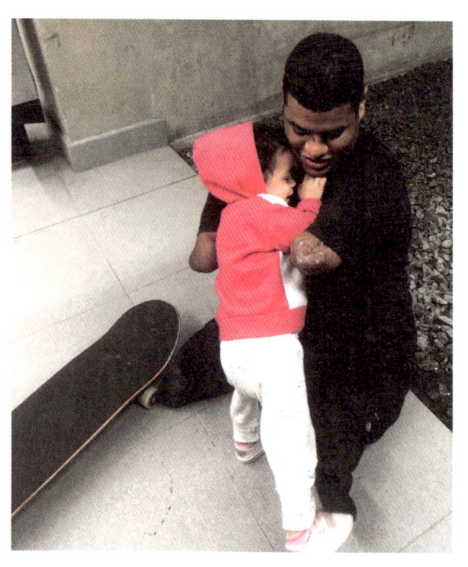

Eu com as minhas duas coisas preferidas: minha sobrinha, Pandorinha e o skate

como uma filha para mim. Quando a coisa aperta, eu me viro. Viro tio, viro paizão, se precisar viro até avô, o que for preciso. Porque amor é isso: é acolher, proteger, cuidar. A Sandra sabe que, com a gente, ela tem onde recomeçar. E eu sei que, com ela, eu tenho uma família que não desiste de mim nunca.

Porque amor é isso: acolher, proteger, cuidar.

Nesse tempo, enquanto a nossa casa ficava cada vez mais tranquila, minha mãe estava tentando melhorar. E, dessa vez, eu sentia que era diferente. Mas a verdade é que ela ficava tanto tempo sumida, que às vezes parecia que nem existia mais. Era como se ela tivesse desaparecido. Até que um dia começamos a conversar sobre a possibilidade de ela vir morar com a gente.

A Suzana, que estava bem firme na igreja naquela época, não queria. Ela disse que não queria reviver tudo aquilo, conviver de novo com a presença da droga, com o peso espiritual disso. Já eu e Sandra estávamos decididos: "Nossa mãe vai morar com a gente." A Suzana se manteve firme por um tempo, mas depois orou e pediu orientação a Deus. E foi aí que o coração dela mudou. Ela virou para

Reunido com a minha mãe, irmãos e sobrinha no restaurante

gente e disse: "Tá bom. Vamos trazer nossa mãe de volta. Mas no primeiro erro, no primeiro deslize, ela vai embora. Não quero passar por isso de novo."

E nossa mãe veio. E o mais louco de tudo é que ela estava realmente bem. Ela tinha voltado da sua décima internação, da décima tentativa de se recuperar, e conta que se comprometeu com aquilo que nunca tinha esquecido: a fé. Ela teve uma das suas conversas com Deus e disse que faria jejum até conseguir se libertar das drogas. Então toda semana, ela tirava um dia para jejuar e orar. E, algum tempo depois, realmente deu certo. A Suzana até dizia que era como se o Senhor tivesse limpado ela por completo. Era visível. A transformação estava ali, diante dos nossos olhos. Era um exemplo vivo de que as coisas ruins passam, que o arrependimento é real, que dá pra mudar de verdade, de atitude, de coração, de mente.

Nossa mãe sempre dizia que Deus tinha falado com ela, que ela ainda moraria com os cinco filhos. A gente ria disso, parecia impossível. Mas ela dizia com convicção: "Eu não sei como, mas meus cinco filhos vão voltar pra mim." E não é que ela estava certa? Foi como uma profecia. E, naquele momento, ali dentro de casa, parecia mesmo que a gente estava vivendo algo maior do que a gente.

Hoje faz dois anos que minha mãe está "limpa". Ela trabalha como cuidadora de idosos, já chegou na entrevista contando a história e foi acolhida pela patroa. Ela tem as coisas dela, convive com a gente, eu brinco com ela todos os dias. Nada pode mudar o passado, mas estamos todos os dias trabalhando para reconstruir o presente juntos. Ter ela de novo, como a mãe que está aqui para cuidar de mim, para ver a Pandora crescer, é o maior presente que ganhei.

Meu pai, Ronivaldo

Eu queria tirar um momento no fim do livro para falar do meu pai, porque a história dele carrega muitas lições, talvez até mais do que a minha. Meu pai acabou falecendo no fim de 2023. Ele nunca conseguiu sair das drogas, o que é uma tristeza para mim até hoje. Mas não me impede de falar todas as coisas boas que eu sei sobre ele.

Em todos os momentos da minha vida, mesmo quando estava muito decepcionado com meu pai, nunca duvidei do amor dele por mim. Ele tinha suas falhas, era o típico "bêbado chato", se envolveu com drogas, mas nem por um minuto renegou os filhos. Em um país em que mais de 6 de milhões de pessoas não tem o nome do pai na certidão de nascimento, o maior orgulho dele era ser nosso pai. Quando o assunto era gente xingando ele, ele deixava pra lá. Mas se falassem mal da família, dos filhos, da mulher dele, aí ele não dava pra trás. Ele enfrentava, ficava firme. Ele tinha um orgulho imenso da família. Lembro de uma vez em que estávamos tomando sorvete e um cara começou a causar com ele. Meu pai se virou e disse: "Você não está vendo que eu tô com meu filho aqui?" Ele fazia questão de mostrar que estava com a gente. Isso dizia tudo.

Meu pai passou muito tempo com a minha mãe na rua. Passou sozinho, depois também. Ele é uma pessoa que sempre vinha ver a gente, mas naquela época eu não entendia, porque ele não queria ficar, não conseguia se livrar do vício. Eu pensava, "Ah, não, mano, esse cara tá mentindo, falando que ele não consegue se livrar desse vício pra morar com a gente". Depois de um tempo eu fui entender que quando ele bebia, ele tinha uma culpa enorme sobre tudo que tinha acontecido comigo. Sempre que ele bebia, chorava muito. Vinha até mim, emocionado: "Me perdoa, meu filho. É minha culpa você ter passado por tudo que passou." E eu dizia que não era. Que Deus me fez assim pra eu ser melhor. Mas ele não conseguia se perdoar. Morreu carregando essa culpa. E isso é duro. Eu dizia: "Pai, já tá perdoado. Não tem essa." Mas ele não acreditava. A dor era maior. Meu pai, como tantas outras pessoas, faleceu de overdose, em um lugar horrível. Uma companheira de vício misturou a droga que ele já usava com uma droga nova, que hoje está cada vez mais popular, K-9. E ele não resistiu. Foi aí que eu perdi o homem da minha vida.

Minha convivência com o meu pai foi marcada por muita intensidade. Depois que eu já morava com os meus irmãos, ele às vezes aparecia para nos visitar. E, nessas visitas, a gente brigava bastante. Ele chegava muitas vezes bêbado, e eu ficava preocupado que ele acabasse voltando pra rua. No fundo, aquilo me doía porque eu só queria que ele parasse de usar drogas, que voltasse a ser o pai que a gente já tinha visto ser possível, como aconteceu com a minha mãe por um tempo. A nossa relação parecia conturbada, como se a gente não se gostasse. Mas era o contrário. Eu o amava. Amava ter ele com a gente. Tenho até vídeos nossos juntos.

Era só que eu me preocupava demais com ele. E essa preocupação se misturava com raiva, frustração, saudade do que a gente podia ter sido. Mesmo assim, ele foi quem me ensinou a ser o homem que eu sou hoje. Me ensinou pelo exemplo do respeito, pelo cuidado com a família, mesmo nos momentos mais difíceis.

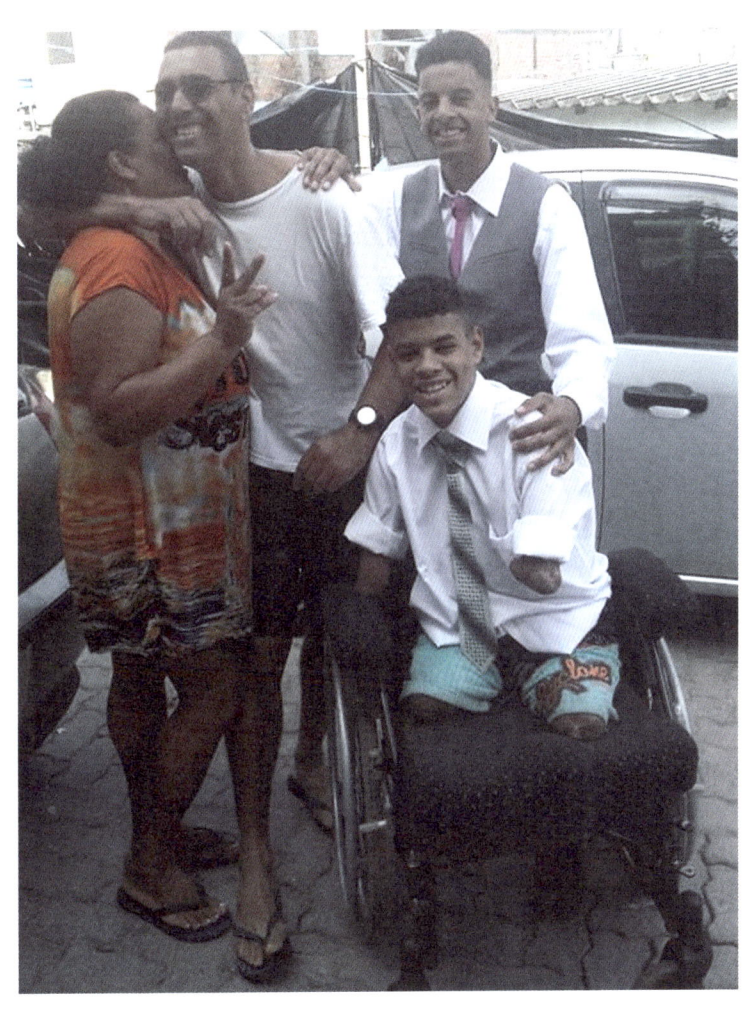

Eu, meu tio Luíz, minha tia Marlene e meu irmão Rony Anderson

Muita gente, quando ouve minha história, pergunta se meu pai era famoso, se ele era alguém importante, um médico, um empresário, porque falo com tanto orgulho dele. Mas não. Meu pai era um morador de rua. Era um usuário de drogas. E também era um homem com uma sabedoria imensa. Muita gente acha que, por estar na rua, a pessoa é menos. Mas tem muito mais inteligência e sensibilidade ali do que se imagina. E ele era assim. Ele era o meu pai. E, apesar dos erros, foi quem me ensinou o que é ser homem. Se hoje eu sou quem sou, é porque ele foi esse exemplo, do jeito dele.

Ele foi, sem dúvida, a pessoa mais importante da minha vida. Mas, mesmo com todas as diferenças, eu só guardo boas lembranças dele. Não tem espaço pra rancor. Ele foi o homem da minha vida. É assim que gosto de falar: o homem da minha vida.

Uma das memórias mais antigas e felizes que tenho dele é de quando a gente estava todo mundo bem. Ele levava a família inteira na caminhonete da empresa onde trabalhava. Era uma daquelas com caçamba fechada, que cabia todo mundo. Minha mãe ia na frente com ele e a gente, os filhos, na parte de trás. Toda vez que passava uma viatura da polícia, ele mandava todo mundo se abaixar. Um dia, eu, ainda pequeno, não me abaixei. Fiquei parado, achando que, se não me mexesse, iam pensar que era algum objeto esquecido na caçamba e iriam embora. Todo mundo riu muito depois. "O Daniel nem abaixou!" E eu dizia que já era esperto desde pequeno.

Meu pai sempre trabalhou como paisagista. Ele era apaixonado por plantas. Sabia tudo sobre poda, mudas, árvores, tudo mesmo. Trabalhava numa empresa grande de jardinagem, fazia muitos bicos, era respeitado pelo que fazia. Com o tempo, vieram os deslizes, ele começou a usar drogas, faltava muito, e acabou sendo demitido. Foi o começo de uma fase difícil. Mas eu ainda guardo com muito carinho essa imagem dele, forte, grandalhão, e, ao mesmo tempo, com um cuidado imenso pelas plantas. Ninguém que olhasse para ele imaginaria que aquele "homão" era tão apaixonado pela natureza.

Meu pai sempre foi um cara trabalhador. Mesmo quando a vida já estava dura, ele nunca deixava de correr atrás, de tentar. Lembro dele comigo no hospital: e foi um dos momentos mais especiais que tivemos. Ele dormia ali do meu lado, numa cadeira que nem era muito confortável, mas reclinava um pouco. O sono dele era tão pesado que, mesmo eu gritando de sede, ele não acordava. Eu gritava "pai! pai!" e nada. Tava com os dois braços enfaixados, não conseguia apertar o botão para chamar a enfermeira. O quarto inteiro acordava, achando que era alguma emergência. E eu só queria um copo d'água. Quando finalmente encostavam nele, ele acordava assustado, sem entender nada. Era cômico e terno ao mesmo tempo.

A comida do hospital também era outra história. Sem sal, sem gosto. Ele sempre dizia: "Filhão, isso aqui tá ruim demais." E saía escondido pra comprar um salgado pra mim. Voltava sorrindo, me entregava como se fosse um presente precioso: "Aqui, filhão." A gente dividia aquele salgado como se fosse um banquete. Era o nosso momento. E ele tinha uns apelidos para todo mundo. Um mais engraçado que o outro, e o que eu mais gosto era Brucutu, está até no meu capacete. Eu adorava isso. Ele dava apelido para mim, para os meus irmãos. Era sempre engraçado, sempre afetuoso.

Outra coisa que eu amava no meu pai era a comida que ele fazia. Não era nada sofisticado, mas era o tipo de comida feita com o que tinha e muito amor. Ele pegava o que tivesse (arroz, feijão, linguiça, o resto do jantar do dia anterior) e fazia um mexidão que era a melhor comida do mundo. Já comi em muitos restaurantes bons na vida, mas nenhum prato chega perto do sabor do mexidão do meu pai. Não só pelo sabor, mas pelo carinho que vinha junto. Ele fazia do jeito dele, sem frescura, e fazia com amor. Antes das drogas, ele nunca deixou faltar nada em casa. Sempre dava um jeito.

Eu lembro também de uma cena forte: uma vez ele teve que arrastar minha mãe para dentro de casa para impedir que ela saísse para usar drogas. Isso foi no começo de tudo, quando ele ainda lutava para mantê-la firme. Ele já via o que vinha pela frente. Depois, infelizmente, ele também acabou caindo. Nessa época eu devia ter uns oito, nove anos. São memórias que ficaram marcadas, tanto pela dor quanto pela coragem.

Hoje, olhando para trás, eu entendo muita coisa. Entendo que ele não era só um homem com falhas. Era um homem com amor, com histórias, com escolhas difíceis. E, acima de tudo, era meu pai. Não importa o que digam, não importa o que ele tenha vivido, para mim, ele foi e sempre vai ser um dos maiores exemplos da minha vida.

Ele era um cara digno. A minha mãe contou que, quando morava na rua, algumas meninas se ofereciam a ele em troca de dinheiro ou drogas. Mas ele recusava. Dizia: "Você me lembra da minha filha. Nunca encostaria em você." Ele podia ter se perdido na vida, mas nunca perdeu os valores. Ele se machucava, mas se recusava a machucar os outros, se pudesse impedir. Ele amava a gente, acima de tudo. Sempre dizia que os irmãos tinham que se respeitar. A vida levou ele pra um caminho errado, mas o coração dele era muito bonito.

Uma das melhores coisas que consegui fazer foi levar meu pai ao cinema. Ele nunca tinha ido. Assistimos a um filme de terror: "Sorria". Eu até gritei em algumas cenas e ele riu: "ô louco, meu filho!", mas ele estava com medo também. Aquele dia foi incrível. Também levei ele pra comer em um restaurante bacana. Dei de presente. Eu passei a vida vendo meu pai sem pôr uma roupa nova, sem comer em um restaurante, sem fazer tanta coisa que fiz o possível pra mostrar para ele um outro lado da vida. Foram poucos momentos assim, mas eu vivi com ele o que pude. Só queria ter vivido mais.

Uma coisa que me marcou muito foi poder mostrar para ele meu sucesso. Quando apareci em um comercial da Nescau, em 2022, eu falei: "Pai, olha eu na TV!" Ele ficou em choque: "Meu Deus, filho, é verdade isso?" Ver que eu estava bem deu paz pra ele. Ele sempre se preocupava. Sempre perguntava se a gente estava bem. E naquele momento, acho que ele relaxou um pouco.

Mas a última vez que vi meu pai em vida foi diferente. Ele apareceu lá em casa mais uma vez, como sempre fazia. Ficava um tempo com a gente, depois bebia e acabava voltando para a rua. Eu já estava cansado da mesma história. Ele chegou, todo carinhoso: "Filhão, tô aqui." E eu, irritado, respondi: "Tudo bem, pai. Só não dorme aqui, não." Ele entendeu, respondeu com aquele jeito manso: "Fechou, meu filho. Já vou embora." Mas eu me arrependo até hoje. Aquela foi a última vez que a gente se falou. Se eu soubesse que era o fim, teria dito tudo o que estava guardado no meu coração. Que eu o amava. Que eu o perdoava. Que eu só queria tê-lo por perto, bem.

Muita gente olhava para ele e só via um usuário, um morador de rua, um alcoólatra. Eu via um pai. Um bom pai, que não conseguiu cuidar de mim como gostaria, mas que me ensinou mais do que muitos pais presentes. Me ensinou com o amor, com os erros, com os acertos e com o que ele era. Me ensinou a ser homem. Me tirou do lugar onde eu estava. Foi um caminho radical, mas, de certa forma, abriu a minha vida.

Ele foi o homem da minha vida.

No funeral dele, a família — que sempre foi meio palhaça — cantou uma música que ele gostava. Era uma das músicas que ele batia palma e todo mundo cantava. A gente tentou fazer uma despedida alegre. Mas quando o caixão desceu foi a pior sensação que já tive. A certeza de que acabou. De que não ouviria mais a voz dele. Fiquei muito tempo olhando para o céu, tentando imaginar ele lá em cima. E me doía. Ainda dói. Às vezes me sinto culpado por esquecer dele no dia a dia. Mas eu não quero. Não consigo. Ele vive em mim. E minha sobrinha, mesmo pequenininha quando o conheceu, ainda hoje, quando vê uma foto, diz: "Esse é meu avô." Ele deixou marcas. E eu acho que é isso. A gente precisa sempre lembrar. Sempre falar com quem amamos, dizer que amamos. Porque, depois que se vai, a única coisa que fica é o que não foi dito. Eu não consegui me despedir direito. Não falei tudo o que sentia. Mas espero que ele tenha sentido. Meu pai vive em mim. E, para mim, ele é eterno.

A vida é feita de sonho

Na igreja que eu frequento, existe um lema que me marcou muito: "As famílias poderão ser eternas." A gente acredita que, se formos

Meu pai Ronivaldo, meu irmão Antônio e minha sobrinha Pandora, no aniversário dela

selados aqui, no pós-vida vamos reencontrar nossa família, vamos permanecer juntos por toda a eternidade. Quando ouvi isso pela primeira vez, algo mudou dentro de mim. Eu nunca tive uma família estruturada, do jeito que sempre sonhei. Tive minha tia, meus irmãos, meus pais, mas não aquela ideia de lar completo. Então, quando entendi que existia a possibilidade de formar minha própria família — não só pra essa vida, mas para além dela —, aquilo se tornou o meu maior objetivo. Não porque alguém me impôs, mas porque eu desejei de verdade.

Meu sonho não tem a ver com coisas materiais: eu sonho em formar uma família, quero ter minha esposa e meus filhos. Quero construir um lar com amor. Quero ser esse amor, e quero recebê-lo também. A igreja me deu essa visão de futuro. Me deu perspectiva. Me ajudou a sonhar de novo.

"As famílias poderão ser eternas."

Desde então, venho vivendo com esse foco, e o trabalho é algo importante para quem tem sonhos, é a partir da independência adquirida por ele que eu posso continuar sonhando, porque quando eu era um menino pedindo comida na porta dos restaurantes, só dava para sonhar com um prato de comida e mais nada. Nos últimos anos participei de vários campeonatos também: alguns no Rio de Janeiro — acho que foram quatro no total —, teve etapas em Recife, São Paulo, Porto Seguro, e se não me engano, Criciúma também. Aos poucos, fui realizando sonhos. Mas se tem uma coisa que me faz sentir realizado de verdade, é poder ter meus irmãos por perto, depois de tanto tempo separados. A gente passou por tanta coisa, e hoje poder dividir o teto é a maior conquista da minha vida.

Saber que consegui dar um cantinho só pra minha irmã Sandra e para a filha dela já muda tudo. Aquilo que eu não tive na infância — conforto, segurança, espaço — hoje posso oferecer pra elas. Minha sobrinha tem o quartinho dela, com a mãe dela. Isso, pra mim, é imenso. Eu batalhei por isso. E saber que elas não vão passar pelo que eu passei me dá paz. Minha luta hoje é por elas. Por mim também, claro. Mas principalmente para que minha família tenha o que eu nunca tive. E minha mãe, que passou a vida sem ter um lar de verdade, hoje possa ter essa experiência. A de morar com os filhos, com dignidade.

Minha mãe costuma dizer: "Não tem tristeza. Não vejo o Daniel triste nunca. Ele tem uma vontade de levantar de manhã e viver que me ensinou." E ouvir isso mexe comigo. Porque, no fundo, tudo que faço vem dessa vontade de seguir, de construir, de transformar. A dor virou força. A fé virou plano. A família virou prioridade. E eu sigo aqui, não só sonhando com o futuro, mas fazendo ele acontecer. Dia após dia.

A dor virou força. A fé virou plano. A família virou prioridade.

10

O passado ajuda no futuro

Minha mãe costuma dizer uma coisa que me marca muito: "O Daniel não é super-herói. Mas, meu Deus, que plano maravilhoso o Senhor tinha para a vida dele." Ela fala isso com um brilho no olhar, o mesmo brilho que já me fez acreditar que tudo ia dar certo quando eu era pequeno.

Foto por Julio Detefon, pulando a escada de Nollie Bigspin na etapa do STU Rio de Janeiro 2024

Muita gente diz que a gente tem que deixar o passado para trás. Mas eu acredito que o passado ajuda no futuro, acredito tanto que fiz um livro todo explorando o meu passado, até as partes que preciso da ajuda dos meus irmãos para lembrar. Porque o passado é uma biblioteca de sabedoria, ele ensina. Mostra o que a gente não quer repetir. Os erros dos meus pais, os meus também... Tudo isso me moldou. Não vivo preso no passado, mas lembrar dele me ajuda a seguir mais firme. Me ajuda a ser uma pessoa melhor.

O passado é uma biblioteca de sabedoria, ele ensina.

Todos os dias eu consigo curar uma parte do meu passado. Todos os dias eu consigo pegar o Daniel de 5, 6, 7, 13 anos e levar ele para fazer algo que ele nunca achou que era possível. E eu sugiro que você faça isso também. Que tire um tempo para sentar com aquela menininha ou aquele menininho que sonhava com uma pipa, com um videogame. Brinque com ele um pouco, compre o sabor preferido de sorvete que ele gostava, porque ele ainda está aí dentro de você. E mais: está tomando um monte de decisões, muitas vezes baseado em mágoas antigas, em coisas que nem existem mais.

Uma das experiências que mais me cura em relação à minha infância e me ensina sobre como podemos sempre nos acolher é participar do acampamento do Sandro Dias, o multicampeão de skate, o Mineirinho. Ele faz um acampamento voltado para crianças, e eu fui convidado pra estar com elas, andar de skate, conversar. E foi ali que eu vivi uma das maiores emoções da minha vida. Um menino autista chegou pra mim e, com a sinceridade que só as crianças têm, falou: "Você tá sem as pernas!". Não foi por maldade. Foi surpresa. Foi verdade.

E a conexão nasceu daí. A gente jogou bola, jogou baralho, Uno. Ficamos juntos. Quando chegou a hora da fogueira — o momento em que a gente compartilha o que viveu ali — eu falei: "Hoje, eu voltei a ser criança. Eu nunca tive amigos na infância. Nunca tive alguém para conversar na escola. Mas aqui, com vocês, eu senti isso." E aquele mesmo menino respondeu: "Então hoje você tem um amigo. Eu sou seu amigo agora." Outro veio logo depois e disse o mesmo. Eu nunca tinha sentido isso antes. E ali, no meio daquelas crianças, eu me senti inteiro. Me senti criança, eu também tinha passado o dia brincando, vendo o mundo pelos olhos deles, trocando ideia com as crianças. E isso também fez o Daniel de 7 anos que mora aqui dentro sorrir, do mesmo jeito que ele sorri quando liga nosso PC para jogar, quando quando vê o sorriso da Pandora, e tantos outros momentos.

É isso que o skate me deu. Me deu liberdade, me deu pertencimento, me deu propósito. Me deu amigos, me deu a chance de ser visto não como um corpo sem pernas e braços, mas como um ser humano inteiro com tanta coisa para compartilhar e dividir com os outros. E foi esse sentimento que me fez entender que a vida vale a pena, mesmo quando tudo parece impossível.

Claro que nem sempre é fácil. A vida continua desafiadora. Às vezes a gente sente medo. Medo de perder tudo, medo de dar errado. Mas eu aprendi a valorizar o simples. Se tenho um teto, comida, minha mãe e meus irmãos por perto, isso já é muito. Não preciso de luxo. E se um dia eu perder tudo, eu vou recomeçar. Porque já recomecei antes. Porque tenho fé. Porque tenho Deus. Porque tenho quem me ama.

Eu já realizei tantos sonhos... Pular de paraquedas, comprar meu primeiro computador, voltar a morar com minha família, viajar de avião, aparecer na televisão. Mas o meu maior sonho ainda está por vir: construir minha própria família. Casar, ser pai, viver o amor de forma inteira e simples. A Igreja me ensinou isso. Me mostrou que as famílias podem ser eternas, e isso me deu perspectiva de vida. Me fez entender que o que eu não tive pode ser o que eu vou construir. Com amor, com propósito.

E se você chegou até aqui, acompanhando a minha história, quero te agradecer de verdade. Página por página, você reviveu tudo comigo. Então agora acho que posso dizer que a gente é amigo, né?

E como amigo, quero te deixar a maior mensagem que já aprendi na vida. Talvez não seja a que você quer ouvir, mas é a mais real que eu tenho: a vida é difícil. Mesmo. Não importa se você é rico, pobre, novo ou velho, ela vai ter dor. Vai doer. Vai machucar. Vai parecer impossível às vezes. E vai te colocar no chão.

Mas a vida também é essa força que faz a gente levantar de novo. E não importa quantas vezes você caia, o que importa mesmo é quantas vezes você levanta.

Eu, Zaka e Suzana realizando o meu sonho de pular de paraquedas para uma matéria da Globo

Não importa quantas vezes você caia, o que importa mesmo é quantas vezes você levanta.

Eu sempre falo isso: a vida é uma guerra. É aquele caos de batalha cheio de barulho, gente correndo para tudo que é lado, e você nunca sabe de onde vem o próximo tiro. A gente vai perder algumas batalhas no caminho. Vai ter dia que você vai achar que não dá mais. Mas se você continuar lutando, se você não desistir, você não perde a guerra. E a guerra é a vida. A gente pode até perder uma batalha ou outra, mas se continuar firme, a gente vence no fim.

Eu não tô aqui para te dizer que tudo vai ser bonito, fácil, cheio de flores. Tô aqui pra te dizer que vai doer — mas vai passar. Que você vai ter dias ruins, mas também vai viver dias maravilhosos. Que se hoje tá difícil, amanhã pode ser diferente. Que se hoje você tá caído, amanhã você pode estar de pé.

E mesmo que pareça que você tá sozinho, lembre disso: você não está. Se você tem um filho, um amigo, um braço, uma perna para correr, um céu para olhar, um pão para comer, você tem um motivo para agradecer. E se não tiver nada disso, ainda assim: você tem valor. Você existe, respira o ar deste mundo, você, só por estar aqui, já é um milagre.

Eu sou a prova viva de que a vida pode virar. Que dá pra sair da dor e viver com alegria. Que dá pra transformar a própria história. Então, não desista. Por favor. Não deixe a dor apagar o brilho que ainda pode existir nos seus dias.

Acredito no poder das histórias para transformar realidades. Por isso, sigo aberto a toda oportunidade de trocar, escutar e contar, especialmente se for para inspirar quem está buscando coragem para dar seus próprios passos. Onde existir uma roda de conversa, um palco ou uma sala disposta a me ouvir, será uma honra estar presente.

E se um dia você precisar lembrar disso tudo... Volta aqui. Leia esta carta de novo. Porque eu vou estar aqui, torcendo por você. E se você conhece alguém que está precisando de uma injeção de ânimo, fé e inspiração, entregue este livro para essa pessoa. Espero que pelo menos uma página aqui seja útil para ela.

Espero te ver de novo, seja nas redes sociais, nos campeonatos de skate, nas palestras, ou apenas andando por aí com um sorriso no rosto.

Tamo junto, meu amigo!
Daniel.

grupo novo século

Compartilhando propósitos e conectando pessoas

Visite nosso site e fique por dentro dos nossos lançamentos:

www.gruponovoseculo.com.br

‹ns

- facebook/novoseculoeditora
- @novoseculoeditora
- @NovoSeculo
- novo século editora

gruponovoseculo.com.br

Edição: 1ª
Fonte: Calibri